Montréal, le 19 juin 2008

~A Stéfan ,

Un futur meilleur passe

INTERNET
2025

L'importance d'imaginer **le futur**

nécessairement par la Spiritualité !

Amicalement,

[signature]

Les Éditions Transcontinental inc.
1100, boul. René-Lévesque Ouest, 24ᵉ étage
Montréal (Québec)
Canada H3B 4X9
Tél.: (514) 392-9000 ou 1 800 361-5479

Distribution au Canada
Québec-Livres, 2185, Autoroute des Laurentides, Laval (Québec) H7S 1Z6
Tél.: (450) 687-1210 ou, sans frais, 1 800 251-1210

Distribution en France
Géodif Groupement Eyrolles — Organisation de diffusion
61, boul. Saint-Germain 75005 Paris FRANCE – Tél.: (01) 44.41.41.81

Distribution en Suisse
Servidis S. A. – Diffusion et distribution
Chemin des Chalets CH 1279 Chavannes de Bogis SUISSE
Tél.: (41) 22.960.95.10
www.servidis.ch

Données de catalogage avant publication (Canada)
Lanoix, Jean
Internet 2025 : l'importance d'imaginer le futur
Coll. Les Affaires
Comprend des références bibliographiques
ISBN 2-89472-220-6
1. Internet - Prévision. 2. Internet - Aspect social. 3. Internet - Aspect économique.
I. Titre.

TK5105.875L355 2003   004.67'8'0112   C2003-941339-X

Révision: Diane Grégoire
Correction: Marie-Suzanne Menier
Mise en pages et conception graphique de la couverture: Studio Andrée Robillard
Photo de l'auteur en couverture arrière: Véro Boncompagni © 2003

La forme masculine non marquée désigne les femmes et les hommes.

Imprimé au Canada
© Jean Lanoix, et Les Éditions Transcontinental inc., 2003
Dépôt légal — 3ᵉ trimestre 2003
Bibliothèque nationale du Québec
Bibliothèque nationale du Canada

ISBN 2-89472-220-6

Nous reconnaissons, pour nos activités d'édition, l'aide financière du gouvernement du Canada, par l'entremise du Programme d'aide au développement de
l'industrie de l'édition (PADIÉ), ainsi que celle du gouvernement du Québec
(SODEC), par l'entremise du Programme d'aide aux entreprises du livre et de
l'édition spécialisée.

JEAN LANOIX

INTERNET
2025

L'importance d'imaginer **le futur**

Les Éditions
TRANSCONTINENTAL inc.

*À mon épouse, Christine, une femme
et une enseignante extraordinaire dont les qualités humaines ne
pourront jamais être remplacées, à l'école primaire,
par l'enseignement assisté par ordinateur.*

*À ma fille, Virginie, un rayon de soleil et
une artiste dans l'âme qui, de toute évidence, mettra
ses talents littéraires au service d'un monde meilleur.*

*À mon fils, Gabriel, un sportif qui s'investit
avec tellement de cœur et de détermination qu'il en devient
une source d'inspiration. Je souhaite que, comme lui,
les générations futures préfèrent s'amuser dehors plutôt que de
passer des heures devant le téléviseur et l'ordinateur.*

REMERCIEMENTS

Depuis 1996, année où a germé l'idée de ce livre, j'ai eu le plaisir de discuter avec une foule de gens de l'avenir d'Internet. Je ne pourrais tous les nommer sans risquer de regrettables omissions, mais je sais qu'ils se reconnaîtront. Merci à vous tous.

Je tiens à remercier particulièrement mon éditeur, Jean Paré. Ses commentaires et suggestions, toujours présentés avec doigté et humour, ont eu un impact significatif sur la qualité du document final.

Je remercie du fond du cœur mes amis et collègues qui ont investi des heures à lire et commenter mon manuscrit, en particulier Jean Allan, Mark Morin, André Laurendeau et Jean Frégeau. Ma reconnaissance va également à Marie-Suzanne Menier, des Éditions Transcontinental, Jean-Pierre Naud, Yves Lusignan, François Goedike, Jocelyne Cardinal, Serge Rainville, Denis Barsalo, Erika Wybourn, Dominique Langevin, Gilbert Valade, Carole Faubert, Claude

Gonthier, Alexandre Lanoix, Alain Mongrain, Alain Rouleau, Luc Ducharme, Chris Olson, Robert Demers, Perry Di Iorio, Yvan Pilon, Michel Bernard, Florence Turenne, Daniel Gauthier, Philip van Leeuwen, Jacques Bérubé ainsi qu'à mes frères et sœur, Robert, Daniel et Louise.

Je dois beaucoup à John O'Brien, fondateur du département de communications de l'Université Concordia, à Montréal. C'est en grande partie inspiré par lui que j'ai décidé d'orienter ma carrière vers la communication interactive.

Je remercie également mon épouse, Christine, qui a lu les chapitres un par un à maintes reprises en insistant sur l'importance d'être le plus clair possible pour tous les lecteurs, adeptes ou non d'Internet.

Finalement, je remercie mon père et ma mère, qui m'ont toujours offert un amour et un soutien indéfectibles. Ils ont consacré la majeure partie de leur vie à aider leurs enfants à poursuivre leur études et leurs passions. Je ne peux imaginer des parents plus dévoués.

TABLE DES MATIÈRES

INTRODUCTION

L'importance d'imaginer le futur

« Nous sommes les architectes de notre avenir,
et non pas sa victime. »
Buckminster Fuller, inventeur et visionnaire

En 2001, au cours d'une rencontre privée, le président de l'une des plus importantes papetières du monde m'a posé la question suivante : « Croyez-vous vraiment qu'avant l'an 2025 des appareils électroniques ultra légers permettront de faire l'expérience de la lecture de manière aussi agréable qu'avec le papier tout en livrant des images vidéo de qualité ? »

Je lui ai répondu que les nouvelles technologies se développent tellement rapidement qu'il est fort probable de voir un tel livre électronique portatif devenir une réalité avant l'an 2025. Le jour où la majorité de la population des pays industrialisés possédera un tel appareil, cela aura certainement de solides répercussions sur l'industrie des journaux et des magazines imprimés.

Pour le président de cette entreprise, l'incertitude au sujet de l'avenir d'Internet est fort inquiétante. Une nouvelle usine de papier journal ou de papier magazine exige des investissements majeurs et devient profitable au bout de 15 ou 20 ans seulement. Que faire ?

Faute de pouvoir prédire l'avenir avec certitude, certaines organisations imaginent une variété de scénarios possibles et développent à l'avance des plans d'action. La société pétrolière Shell en est un très bon exemple. En 1983, une équipe spécialisée dans le développement de scénarios du futur a imaginé un plan d'action qui reposait sur la fin éventuelle de la guerre froide entre l'URSS et les États-Unis.

Les membres de l'équipe ont interrogé nombre de spécialistes en politique internationale travaillant dans les agences de renseignements américaines et soviétiques. À l'exception d'un Russe, tous les experts ont affirmé ne déceler aucun signe permettant de prévoir la fin de la guerre froide entre les deux superpuissances. Mieux que ça, les experts soviétiques ont dit aux futurologues de Shell qu'ils étaient fous de croire à la fin de cette guerre. Quant aux spécialistes de la CIA, ils leur ont dit qu'ils ne savaient pas de quoi ils parlaient et qu'ils n'avaient aucune information tangible pour justifier une telle probabilité[1].

Malgré tout, l'équipe de Shell a mis au point un plan d'action en conséquence. Lorsque le mur de Berlin est tombé en 1989, Shell s'est rapidement implantée dans le marché des pays d'Europe de l'Est pendant que ses compétiteurs ont perdu plusieurs mois à développer une stratégie en fonction du nouveau contexte économique mondial.

Imaginer différents scénarios est essentiel, car il est impossible de prédire avec exactitude de quoi sera fait l'avenir. Lorsque le magnétoscope a été inventé, les décideurs du monde du cinéma étaient persuadés que la vidéo allait avoir un impact extrêmement négatif sur l'industrie cinématographique. Pendant des années, ils ont tout fait pour ralentir, et même tenter d'empêcher la fabrication et la vente de tels appareils au nom de la protection des droits d'auteur. Personne n'avait imaginé au départ que la location de cassettes vidéo allait multiplier les profits de l'industrie cinématographique au lieu de les diviser. En plus de s'inquiéter pour rien, l'industrie a perdu des centaines de millions de dollars en ralentissant l'introduction de la vidéo.

Tenter de connaître l'avenir quelques décennies à l'avance est extrêmement difficile, car certaines éventualités sont quasi inimaginables. En 1903, tout le monde, sauf quelques rares individus, considérait l'idée de pouvoir survoler un océan à bord d'un avion comme étant parfaitement saugrenue. En 1927, Charles Lindberg a néanmoins franchi la distance New York—Paris.

Heureusement, l'avenir d'Internet est beaucoup plus facile à prédire que ne l'a été celui de l'aviation. Nul besoin d'être visionnaire pour affirmer que la prochaine génération d'Internet deviendra le média le plus puissant de l'histoire, parce qu'elle fusionnera l'imprimé, la télévision, le téléphone, la radio et l'ordinateur. Une grande partie des technologies existe déjà en circuit fermé. Par exemple, le projet Internet 2, en place aux États-Unis, relie plus de 200 universités à la vitesse de la lumière et offre déjà une expérience multimédia exceptionnelle[2].

Le réseau Internet 2 permet déjà l'utilisation de la vidéoconférence entre de multiples usagers avec des images vidéo impeccables. Des cours interactifs de niveau collégial et universitaire, comportant des animations et des segments vidéo à très haute définition, sont accessibles en temps réel. Des chercheurs du monde médical testent de nouveaux systèmes de bio-imagerie, soutenus par des images tridimensionnelles des parties du corps humain et par l'animation de microcellules, qui leur permettent d'effectuer des recherches scientifiques en équipe. Les périodes d'attente de quelques secondes sur Internet à haute vitesse d'aujourd'hui se résument à quelques millièmes de secondes sur Internet 2.

Dans moins d'une décennie, cette technologie révolutionnaire devrait être disponible dans les entreprises, les établissements d'enseignement, les services de santé et les organismes gouvernementaux. Avant l'an 2025, cette technologie a de fortes chances d'atteindre la presque totalité de la population des pays industrialisés puisque la télévision et le téléphone y seront directement reliés.

■ ■ ■

J'ai décidé d'écrire ce livre dans le but d'aider les lecteurs et les décideurs des organisations privées et publiques à imaginer plus facilement ce qui deviendra possible dans les 25 prochaines années, à mesure que les technologies de la prochaine génération d'Internet évolueront. Mon objectif n'est pas de prédire l'avenir, mais plutôt de décrire les services Internet du futur qui pourraient avoir un impact significatif dans l'existence de chacun d'entre nous.

Par exemple, dans un proche avenir, les consommateurs pourraient fort bien prendre l'habitude d'utiliser au magasin leur ordinateur-téléphone pour consulter les rapports d'analyse de guides de consommation comme le *Consumer Reports* américain. Si la majorité des consommateurs du futur adoptent cette pratique avant d'effectuer leurs achats, cela bouleversera inévitablement de nombreuses industries, incluant celles de la publicité et du marketing.

Tous les exemples présentés dans ce livre constituent des scénarios probables du futur basés sur des recherches et des données réelles. Entre autres, dans le chapitre traitant des services de santé de l'an 2025, les chiffres et les statistiques concernant les soins et la prévention proviennent d'études existantes et ont été soulevés lors de discussions avec des médecins et des spécialistes. Nous y verrons que la prévention des maladies occupe une place aussi importante que la guérison dans l'organisation des futurs soins de santé. Avec le vieillissement de la population et l'augmentation continuelle des budgets accordés à la santé, la prévention devient naturellement une voie à suivre pour éviter une crise économique et sociale.

Dans mon travail de consultation, lorsque j'aide les grandes sociétés privées et publiques à profiter du plein potentiel d'Internet d'aujourd'hui, mes recommandations doivent absolument être basées sur la réalité, de même que sur de solides plans d'affaires. Tous les scénarios du futur présentés dans ce livre sont également basés sur des modèles d'affaires et financiers que je considère comme probables au cours des prochaines décennies.

Les professionnels en développement de scénarios du futur produisent habituellement trois ou quatre scénarios différents pour un sujet donné. Le premier scénario est souvent le plus optimiste, celui qui décrit une suite d'événements où tout se passe relativement bien, et le dernier dessine habituellement un portrait plutôt pessimiste.

Dans cet ouvrage, j'ai décidé de présenter des versions plutôt optimistes de scénarios du futur, car ceux-ci représentent tout de même des défis importants à relever. Je laisse le soin à d'autres de décrire un avenir sombre à la George Orwell dans lesquels les gouvernements pourraient utiliser Internet pour s'introduire outrageusement dans la vie privée des citoyens.

De tels scénarios pessimistes sont certainement envisageables, mais, à mon avis, beaucoup moins probables que les scénarios optimistes. Internet est un réseau universel sans début ni fin. Tenter de contrôler Internet, c'est comme tenter de retenir les vagues de l'océan. Des gouvernements et de grandes sociétés vont probablement tenter l'expérience, mais je demeure confiant qu'ils ne réussiront jamais en raison de la nature décentralisée du média et de la révolte publique qu'engendrerait une telle tentative.

Cela dit, nous devrons être très vigilants au cours des prochaines décennies. La prochaine génération d'Internet est une technologie, et toute technologie comporte naturellement des aspects positifs et négatifs. Nos automobiles sont très pratiques, mais elles sont également la cause de morts accidentelles, elles polluent l'atmosphère et nous font gaspiller une partie de notre vie dans les bouchons de circulation. La télévision a amené des images du monde dans nos domiciles, mais également des contenus discutables et un mode de vie beaucoup trop sédentaire. Pas plus que toute autre technologie la prochaine génération d'Internet ne sera exempte de conséquences négatives.

On peut d'ores et déjà prévoir que l'Internet du futur générera une épidémie de dépendance à la pornographie et aux jeux de hasard, de même qu'une panoplie de contenus et de services exécrables. C'est déjà le cas aujourd'hui. Malgré les aspects négatifs inévitables, je demeure convaincu que la prochaine génération d'Internet offrira de multiples possibilités d'améliorer les choses au sein de notre société moderne.

Ces améliorations ne seront pas le fruit du hasard. Les services Internet du futur n'existent pas encore. C'est à nous de les imaginer et de les créer. Avant de construire un avion, des humains ont d'abord dû le visualiser dans leur esprit.

Imaginer dès maintenant les services Internet du futur n'est pas un exercice futile. C'est une nécessité. Des choix sociaux importants se présenteront à nous dans un avenir très rapproché et nous devons nous préparer en conséquence, avec la même ouverture d'esprit que celle des dirigeants de la pétrolière Shell, et non pas avec cette vision unique et fataliste qu'a eue l'industrie cinématographique au sujet de l'invention du magnétoscope. La prochaine génération d'Internet aura un effet considérable sur nos habitudes de vie, notre organisation sociale et toutes les sociétés et organisations privées et publiques. Tous les domaines d'activité, sans exception, seront touchés par cette autoroute de l'information du futur.

L'avenir n'est pas prédéfini. Nous devons imaginer le futur afin de poser des gestes dès aujourd'hui pour maximiser les impacts positifs d'Internet dans 5, 10 ou 25 ans, et diminuer ou, au mieux, contrôler les risques.

Jean Lanoix
Juillet 2003

www.net2evolution.com
jeanlanoix@net2evolution.com

LA PROCHAINE GÉNÉRATION D'INTERNET

*Les 10 principales caractéristiques du média
le plus puissant de l'histoire*

La technologie d'un média a toujours une influence déterminante sur les types de contenus et de services qui y sont développés. Par exemple, la télévision d'aujourd'hui est équipée d'une télécommande qui permet au téléspectateur de zapper instantanément d'une chaîne à une autre. Ainsi, les producteurs des émissions tentent continuellement de captiver le téléspectateur pour éviter qu'il ne change de chaîne.

Ce n'est pas un hasard si les bulletins d'informations à la télé ressemblent de plus en plus à du divertissement, ne contenant que des parcelles d'entrevues qui durent rarement plus de 10 secondes. Il faut soutenir le rythme, sinon bye-bye la cote d'écoute et les budgets correspondants. On n'échappe ni à la nature technologique d'un média ni au contexte économique et social dans lequel il évolue.

Devant le téléviseur actuel, le téléspectateur choisit parmi les émissions accessibles au moment présent et demeure passif à l'égard du contenu présenté à l'écran. Étant donné que son feedback n'est pas sollicité, son rôle se limite à celui de spectateur et de consommateur.

Internet permet de faire une tout autre expérience. L'internaute a un objectif en tête, un but. C'est lui qui accède au contenu, choisit parmi les options offertes et participe activement à l'expérience de communication. Avec Internet, ce n'est plus le producteur qui détermine le moment où le contenu débute et prend fin. Cette réalité fait toute la différence du monde.

La prochaine génération d'Internet permettra aux gens de vivre une expérience multimédia exceptionnelle, car elle réunira l'imprimé, la télévision, le téléphone, la radio et l'ordinateur. Le produit final sera un média beaucoup plus puissant que la somme de ses composantes parce que l'usager contrôlera l'accès à l'information et son débit. Au cours des prochaines décennies, c'est précisément ce contrôle accordé aux individus ainsi que les fonctions interactives et multimédias qui provoqueront des changements d'envergure dans les pays industrialisés. À mon avis, les 10 principales caractéristiques de la prochaine génération d'Internet sont les suivantes.

CARACTÉRISTIQUE Nº 1
La nature même d'Internet obligera les créateurs de contenus et de services à se mettre à la place des utilisateurs.

Cette réalité fondamentale est la base du succès des services Internet les plus appréciés. Vous êtes-vous déjà demandé pour quelle raison le site Internet amazon.com est si pratique et si facile à utiliser ? Depuis le tout début de l'entreprise virtuelle, ses créateurs procèdent constamment à des tests auprès de clientèles variées.

Semaine après semaine, des gens sont invités à s'asseoir devant un écran d'ordinateur et à utiliser le service amazon.com sous l'œil attentif des spécialistes de l'entreprise. Au cours des années, amazon.com a constamment ajusté et amélioré son service en tenant compte de ces observations, ainsi que des besoins et préférences de son public cible.

Au moment où ces lignes sont écrites, à l'été 2003, les services Internet supérieurs comme Amazon représentent l'exception plutôt que la règle. Cela est principalement dû au fait que la grande majorité des services Internet n'ont pas été conçus et développés en tenant compte du point de vue des humains qui les utilisent.

Pour réussir à mettre au point un service Internet de première classe, il faut définir la base du service, ses buts et ses objectifs en s'imaginant faire partie des publics cibles. Il faut rencontrer des membres en chair et en os de ces publics cibles pour découvrir leurs besoins et leurs attentes. Ensuite, il faut créer une simulation du futur service et le tester auprès d'utilisateurs potentiels pour connaître leur réaction et ajuster le service en conséquence.

Après avoir dépensé des milliards de dollars à développer des services Internet confus et difficiles à utiliser, les professionnels d'Internet de toutes les régions de la planète se rendent compte qu'ils doivent absolument adopter une approche centrée sur les usagers, soit les humains qui vont utiliser les services. Les événements et colloques au sujet de « l'expérience usager sur Internet » se multiplient. Ce mouvement est irréversible puisqu'il répond à la nature même de la technologie Internet. Avec la prochaine génération d'Internet et le multimédia maximisé, cet aspect revêtira encore plus d'importance.

CARACTÉRISTIQUE N° 2
La prochaine génération d'Internet permettra à l'utilisateur de vivre une véritable expérience multimédia dont il sera le maître.

Les images vidéo de qualité, la lecture à l'écran et le contrôle de l'accès et du débit de l'information par l'utilisateur représentent les caractéristiques les plus révolutionnaires de la prochaine génération d'Internet.

Dans un scénario décrivant les services de nouvelles de l'avenir (chapitre 5), la majorité des gens utilisent leur livre électronique portatif. Ces appareils ultra légers et sans fil se plient en deux et possèdent un écran aussi grand que la page couverture d'un journal de format tabloïd. Le texte est aussi agréable à lire que dans un magazine imprimé et la qualité visuelle des images vidéo est supérieure aux téléviseurs actuels.

À l'intérieur des reportages multimédias des futurs *New York Times* ou *Le Monde,* tous les formats sont mis à contribution : textes, images, graphiques, animations et vidéo. Dans le cas d'événements importants, les entrevues et les discours sont présentés en entier en format vidéo, et incluent une liste des différentes sections de même que les questions et les réponses à côté de l'image. L'usager peut sauter instantanément d'une section à une autre et contrôler la vitesse de l'image, en accéléré, vers l'avant ou l'arrière.

Les producteurs de contenus et de services Internet du futur pourront utiliser le meilleur format de communication selon les besoins, les circonstances et les publics cibles. La production vidéo connaîtra sans l'ombre d'un doute une croissance exponentielle au cours des prochaines décennies.

CARACTÉRISTIQUE Nº 3
Les individus auront accès à Internet à partir de différents types d'appareils adaptés aux besoins de chacun.

Dans les prochaines décennies, des centaines de nouveaux appareils seront inventés pour aider les gens à profiter au maximum du potentiel technologique de la prochaine génération d'Internet.

L'un des plus populaires sera sans nul doute le livre électronique portatif mentionné précédemment. Sur certains documents, l'usager pourra inscrire des notes personnelles à l'écran et ces dernières réapparaîtront sur demande.

Sur tous les types d'appareils portables, la connexion à haute vitesse sans fil sera impressionnante. Lorsque l'usager touchera l'écran du doigt pour accéder à une information, un signal se rendra à Tokyo, Paris ou Sydney en une milliseconde. Un ordinateur réagira à la demande et renverra un signal qui remplira l'écran en couleur. Le processus complet se déroulera en moins d'une seconde.

En médecine, plusieurs appareils seront reliés au réseau Internet. Il existe déjà des instruments pour enregistrer électroniquement à distance la pression artérielle et le rythme cardiaque. Nous assisterons à la multiplication d'appareils électroniques sensibles reliés à Internet et capables de détecter les mouvements, la température, les images, les sons, les goûts, les produits chimiques, la rétine de l'œil, etc. Par exemple, lorsqu'une personne âgée vivant seule sera sans mouvement pendant quelques heures, un avertissement sera immédiatement transmis au service des soins médicaux à domicile et un préposé tentera immédiatement de communiquer avec elle.

Des écrans multimédias légers, robustes et étanches serviront dans la cuisine pour la préparation des repas, et dans tous les endroits où les individus et les travailleurs doivent consulter des instructions pour effectuer leur travail. Le porte-monnaie véritablement électronique verra le jour et les individus pourront transférer entre eux des fonds d'une carte électronique à une autre comme s'il s'agissait de monnaie en papier ou en métal.

La majorité des téléviseurs seront reliés à Internet. Les téléphones conventionnels n'existeront probablement plus, car ils seront tous des mini-ordinateurs directement reliés à ce vaste réseau. Internet fera partie intégrante de notre vie quotidienne et nous cesserons peut-être un jour de mentionner le mot Internet puisque tous les appareils de communication y seront reliés.

CARACTÉRISTIQUE Nº 4
L'évolution des techniques de gestion des documents et des contenus facilitera la recherche d'information.

L'Internet d'aujourd'hui est un univers de renseignements dans lequel il est facile de s'égarer. Aucun système ou logiciel ne pourra y mettre de l'ordre sans la participation active des humains qui créent les contenus. Cette absence de concours est la principale raison pour laquelle les moteurs de recherche des sites Internet d'aujourd'hui nous proposent souvent de nombreux liens qui n'ont rien à voir avec ce que nous cherchons.

Les systèmes de recherche automatisés du futur reposeront sur des technologies plus complexes **qui tiendront compte du facteur humain.** Les systèmes les plus performants seront ceux dont les documents et les contenus auront été enregistrés à la source par leurs créateurs.

Par exemple, dans un organisme du gouvernement responsable de la sécurité au travail, chaque document portera un titre, aura des mots clés pour le représenter, un résumé et une indication de la catégorie et de la sous-catégorie d'information à laquelle il appartient. Cette classification tiendra compte du processus mental des personnes qui cherchent ces renseignements. Au bout du compte, les contenus et les documents seront inévitablement plus faciles à trouver qu'auparavant puisqu'ils seront présentés d'une façon qui correspond à ce qui se passe dans la tête des utilisateurs. Cette même analyse du processus mental des usagers servira à programmer les moteurs de recherche en conséquence et à les ajuster régulièrement pour les rendre plus performants.

Dans un proche avenir, il faut s'attendre à ce qu'un tel travail de classification intelligent fasse rapidement surgir les meilleurs renseignements qui soient. Par exemple, si j'interroge le système au sujet de la sécurité au travail pour connaître la façon la plus sûre de soulever une boîte, l'information qui me sera fournie sera un document multimédia complet, avec vidéo et animation, produit et approuvé par des experts et testé sur de vrais usagers pour vérifier s'ils ont bien compris les explications. Ce sera tout simplement les meilleures connaissances disponibles sur le sujet.

CARACTÉRISTIQUE N° 5
De nouveaux liens entre des bases de données indépendantes créeront de nouvelles dynamiques.

À mesure que les technologies d'Internet évoluent, il devient de plus en plus facile de relier des bases de données entre elles. Au cours des prochaines décennies, nous assisterons à de nouvelles combinaisons de bases de données, qui seront originales et inattendues.

Imaginez un service Internet du futur qui analyse instantanément les ingrédients des produits alimentaires et les compare avec les données de votre plan d'alimentation personnel que vous avez développé avec l'aide d'une diététiste. Au supermarché, vous utilisez un téléphone-ordinateur portatif pour lire le code à barres d'un emballage de biscuits. Vous obtenez immédiatement l'information suivante : « Ces biscuits sont fortement déconseillés. Ils sont produits avec de l'huile partiellement hydrogénée que vous devez éviter en raison principale-ment de son effet nocif sur le cœur et les artères. De plus, chaque bis-cuit contient une quantité de sucre et de glucose de loin supérieure à celle qui est prescrite dans votre diète personnelle. Voulez-vous obtenir une liste de biscuits correspondant à votre programme d'ali-mentation ? »

Dans le futur, l'accès à une telle information, au moment oppor-tun, sur de petits appareils portables, sera tout à fait banal.

Imaginer des liens entre des bases de données qui n'existent pas encore est un exercice fascinant. Lors de séances de remue-méninges effectuées avec des personnes qui connaissent bien leur secteur d'acti-vité, de nouvelles idées surgissent à tous coups. Parfois la réaction est un « Wow ! » d'excitation, mais dans d'autres cas, nous entendons plutôt un « Oh ! Oh ! », car si le scénario imaginé se produisait, nous serions dans le pétrin. C'est le cas, entre autres, lorsque je présente de futurs modèles de journaux et de magazines électroniques. Les publi-citaires s'enthousiasment, car cela leur permettra d'orchestrer les pu-blicités en fonction du profil de consommateur des usagers, mais les représentants de l'industrie des pâtes et papiers, par exemple, disent « Oh ! Oh ! » pour des raisons évidentes.

La prochaine génération d'Internet nous réserve de grandes sur-prises, car, compte tenu qu'il est toujours possible de créer de nou-velles bases de données, le nombre de combinaisons est illimité. Idéalement, les organisations devraient développer différents scéna-rios de l'avenir et prévoir un plan d'action au cas où les diverses prévi-sions se concrétiseraient.

CARACTÉRISTIQUE N° 6
Le feed-back contextuel permettra d'ajuster et d'améliorer les contenus et les services Internet du futur.

Dans un proche avenir, les sections et les sous-sections des meilleurs sites Internet contiendront un lien permettant aux utilisateurs d'émettre facilement un commentaire directement lié au contenu apparaissant à l'écran.

Par exemple, un mécanicien consulte une notice technique en format multimédia pour effectuer une réparation sur une voiture. Il visionne la vidéo démontrant exactement les étapes à suivre et la technique à privilégier. Ce mécanicien d'expérience connaît cependant une meilleure technique pour effectuer ce type de réparation. Il installe donc une caméra vidéo dans son atelier et explique sa technique au fur et à mesure qu'il effectue la réparation.

Il utilise ensuite le lien de feed-back contextuel de la notice technique ayant trait à cette réparation en particulier. Son segment vidéo est automatiquement transmis à l'équipe responsable de la révision des manuels d'instructions. La suggestion est retenue et des spécialistes en multimédia produisent une nouvelle version des instructions qui devient immédiatement accessible aux milliers de mécaniciens des centres de réparation agréés partout dans le monde.

Des fonctions de feed-back contextuel peuvent être intégrées à tous les contenus et services Internet. Les organisations et les individus qui réussiront à maîtriser la technique récolteront des bénéfices significatifs. Les nouvelles formes d'interaction et de feed-back qui seront rendues possibles grâce aux technologies de la prochaine génération d'Internet vont sans nul doute accroître le pouvoir des individus à l'égard des gouvernements, des institutions et des entreprises. Le chapitre 7, portant sur la démocratie, explique comment les citoyens du futur pourraient utiliser le feed-back contextuel pour influencer les décisions des élus qui les représentent.

■ CARACTÉRISTIQUE N° 7
Les transactions en ligne se multiplieront, en particulier les micropaiements et les micro-investissements.

L'Internet d'aujourd'hui a déjà amorcé de manière graduelle le processus d'élimination de millions de formulaires de papier. De nombreuses institutions privées et publiques ont compris le principe suivant : les formulaires de papier fournissent l'indication d'une bureaucratie inefficace et coûteuse.

Parmi les transactions en ligne du futur, les micropaiements et les micro-investissements sont les plus intéressants à analyser. Ils permettront la création de nouveaux services Internet et de nouvelles entreprises basées principalement sur ces microtransactions.

Nous pouvons nous attendre à une prolifération de produits d'information vendus à moins de deux dollars. Une nouvelle pièce musicale : 50 cents. Une comparaison des rasoirs électriques établie par un guide de consommation reconnu : 75 cents. Une recette concoctée par un chef français, démontrant chaque étape de préparation en format multimédia, avec des images vidéo de qualité : 75 cents. Un document écrit par une sommité dans votre domaine de travail : deux dollars. Une histoire très populaire destinée aux enfants : 50 cents. Le droit de regarder un match de football en direct à la télévision : un dollar.

Les micropaiements en ligne deviendront l'équivalent de notre petite monnaie d'aujourd'hui. Nous dépensons notre petite monnaie sans trop y penser et sans vraiment la comptabiliser. Chaque jour, à l'échelle mondiale, ces microtransactions sur l'Internet du futur pourraient s'élever à quelques milliards de dollars.

Suivront ensuite les micro-investissements. Jusqu'à aujourd'hui, les investissements financiers ont toujours nécessité des formulaires et des procédures juridiques complexes. À mesure que ces processus se simplifient, de nouvelles possibilités d'investissement à coût minime apparaîtront sur le marché.

Par exemple, le chapitre 3 explique comment une organisation du futur appelée Cinémonde pourrait permettre à des millions de cinéphiles de choisir à l'avance les films qui seront produits en investissant des sommes de 5 $ et plus. Hollywood n'a qu'à bien se tenir.

CARACTÉRISTIQUE Nº 8
Des agents intelligents sophistiqués donneront des renseignements correspondant aux préférences de chaque individu.

Un système d'agent intelligent enregistre et analyse continuellement les goûts, les préférences et les intérêts d'un individu afin de trouver automatiquement l'information, le contenu ou le document qui correspond à ses critères personnels. Pour y parvenir, le système compare les goûts, préférences et intérêts de milliers ou de millions d'autres personnes, et effectue des comparaisons.

Le système d'agent intelligent le plus populaire au début du siècle est celui du site Internet Amazon. À chacune de ses visites, un client se voit offrir automatiquement des livres, disques ou autres produits qui correspondent aux articles achetés et aux contenus consultés sur le site Amazon. Le processus complexe de comparaison et d'analyse s'effectue automatiquement par le système d'agent intelligent sans que le visiteur s'en rende compte.

Au cours des prochaines décennies, le degré de sophistication des agents intelligents sera appelé à s'améliorer considérablement. La principale différence résidera dans la quantité de renseignements personnels fournis par les gens eux-mêmes. Plus l'agent intelligent connaît les goûts, les préférences et les intérêts d'un individu avec précision, plus il est en mesure de trouver ou de sélectionner des éléments pertinents.

Par exemple, dans un avenir pas si lointain, chaque personne pourrait avoir sur son écran de télévision une liste des 10 ou 20 émissions qui ont le plus de chances de l'intéresser personnellement. La personne n'aura qu'à sélectionner une émission et à la visionner immédiatement. Après avoir regardé l'émission, elle inscrira rapidement une cote d'appréciation du contenu. Le système comparera continuellement les appréciations fournies par les millions de téléspectateurs et effectuera automatiquement des comparaisons. La précision de tels systèmes sera fort probablement renversante.

CARACTÉRISTIQUE Nº 9
Le courrier électronique deviendra une machine de bouche à oreille encore plus puissante que ce que nous connaissons maintenant.

Déjà, aujourd'hui, une multitude de courriers électroniques se propagent rapidement dans le monde à une vitesse phénoménale. Des millions d'internautes ont l'habitude de retourner à leurs amis et connaissances les courriels qu'ils trouvent intéressants, en particulier les messages humoristiques et politiques.

Le courrier électronique est cependant anarchique, et aucun gouvernement n'est en mesure de le contrôler. Au cours des semaines précédant la guerre contre l'Irak en 2003, le courrier électronique a été le principal moyen de communication des organisateurs des marches pour la paix qui ont rassemblé des millions de personnes de partout dans le monde. Grâce au bouche à oreille, un courrier électronique bien conçu et important envoyé à 10 000 personnes avec l'invitation expresse de faire suivre le message au plus grand nombre d'amis et de connaissances possible peut facilement joindre des millions de personnes en seulement quelques heures.

Ce processus de bouche à oreille électronique prendra certainement de l'ampleur à mesure que les technologies d'Internet permettront l'utilisation optimale du multimédia, en particulier la vidéo de qualité. Pour le meilleur et pour le pire, nous devons nous attendre à ce que de nombreuses organisations deviennent d'importantes machines à propagation de messages à caractère économique, politique et social. La tendance est déjà commencée.

En 2025, les messages de courrier électronique contiendront souvent des présentations vidéo très convaincantes dénonçant, par exemple, des injustices sociales et des actions douteuses de la part de gouvernements et de grandes organisations. Certains de ces documents seront extraordinaires et contribueront au processus démocratique. Mais nous devons malheureusement nous attendre à ce que de nombreux contenus soient produits par des experts en manipulation de l'opinion publique qui falsifieront les faits sans vergogne pour arriver à leurs fins. L'Internet du futur ne changera pas la nature humaine.

CARACTÉRISTIQUE Nᵒ 10
Internet créera de nouvelles formes de collaboration et fera tomber les murs entre les spécialistes des différentes disciplines.

L'Internet d'aujourd'hui permet déjà aux grandes organisations de prendre ce tournant. Dans les institutions financières, par exemple, l'arrivée des services bancaires par Internet a forcé les spécialistes du marketing, des communications, de l'informatique et des services à la clientèle et bancaires à travailler en équipe beaucoup plus qu'auparavant. Sur le site Internet d'une société financière, un client se voit offrir à l'écran de multiples options dont la responsabilité relève de ces différents secteurs.

Pour que ces options soient présentées de façon logique et restent faciles à utiliser sur Internet, les différents spécialistes doivent obligatoirement collaborer afin d'éviter la confusion. Avant la venue d'Internet, ces spécialistes travaillaient séparément et passaient moins de temps à réfléchir à des façons de mieux servir les clients.

Internet crée des situations de collaboration similaires du côté des services gouvernementaux. Par exemple, les fondateurs d'une nouvelle entreprise doivent soumettre divers documents et remplir toutes sortes de formulaires dans une foule de bureaux, à différents paliers de gouvernement. La venue d'Internet a soulevé une question toute simple : pourquoi n'y aurait-il pas un seul service Internet pour permettre à cette compagnie de s'enregistrer beaucoup plus facilement auprès de toutes ces entités gouvernementales sans avoir besoin de fournir les mêmes renseignements à plusieurs reprises ? Présentement, les gouvernements des pays industrialisés réalisent que cette idée est parfaitement logique et certains ont déjà commencé à développer de telles centrales d'enregistrement.

Ce phénomène de collaboration accrue grâce à Internet touche tous les domaines de spécialité, en particulier celui des sciences, où le partage des découvertes et des données accélère grandement la vitesse de développement de nouveaux produits.

IMAGINER LE FUTUR À PARTIR DES PRINCIPALES CARACTÉRISTIQUES D'INTERNET

D'ici à 2025, Internet aura des répercussions significatives sur la plupart des organisations privées et publiques des pays industrialisés. Les décideurs de ces organisations ont avantage à commencer dès aujourd'hui à imaginer quelles pourraient être ces répercussions en vue de se préparer au changement, et surtout de mieux orienter leurs actions au cours des prochaines années.

Les scénarios du futur présentés dans ce livre décrivent des exemples concrets de répercussions potentielles de la prochaine génération d'Internet. Ces exemples de services Internet du futur ont été imaginés à l'aide d'une approche créative qui repose sur les 10 principales caractéristiques de la prochaine génération d'Internet. J'ai développé cette méthode pour aider les organisations à imaginer plus facilement de multiples façons dont Internet pourrait affecter leur organisation ou leur secteur d'activité au cours des 5, 10 ou 25 prochaines années.

Idéalement, développer des scénarios du futur est un travail d'équipe. On commence par réunir des gens d'expérience qui connaissent très bien le domaine d'activité dont il est question. On invite aussi des personnes qui connaissent peu ou pas le secteur, mais qui sont des généralistes dotés d'un excellent sens créatif ou d'une vision du monde originale ; ces individus forcent tous les participants à élargir leurs horizons. Une telle dynamique de groupe est fascinante et stimulante.

La plus grande difficulté pour tous les participants est d'être capables de prendre une distance par rapport à leurs habitudes et leurs façons de faire actuelles, à imaginer comment ils pourraient faire les choses autrement. L'une des meilleures façons d'y arriver est de continuellement s'imaginer à la place des humains qui vont utiliser les services Internet du futur, et ensuite de se concentrer sur une seule des 10 caractéristiques d'Internet à la fois. Par exemple, la caractéristique numéro 5 est à l'effet que les nouvelles relations établies entre des bases de données indépendantes créeront de nouvelles dynamiques. Dans le cas des services de santé, par exemple, les participants seraient invités à s'imaginer à la place d'un médecin et à tenter d'imaginer quelles différentes sources d'information pourraient être interconnectées pour faciliter les prises de décision du médecin concernant un de ses patients. En se concentrant sur une seule caractéristique à la fois, il est beaucoup plus facile de trouver de nouvelles idées. Puis, graduellement, certains concepts surviennent naturellement dans notre esprit en relation avec deux ou plusieurs caractéristiques.

Les scénarios présentés dans les prochains chapitres ne sont pas le fruit d'un travail d'équipe, mais bien de recherches exhaustives de ma part pendant plus d'un an. Mon objectif n'est pas de prédire l'avenir, mais bien d'aider le lecteur à imaginer le potentiel extraordinaire de la prochaine génération d'Internet. Mon plus grand souhait, c'est que des budgets soient alloués à des équipes multidisciplinaires pour pousser beaucoup plus loin ces exercices de scénarios et que nous voyions certaines de ces idées se concrétiser *avant* 2025.

Chapitre 2

LE DOSSIER UNIQUE DU PATIENT

*Le point de départ vers l'amélioration
des services de santé*

Au Canada et aux États-Unis, les cas d'obésité, de diabète, de cancer et de maladies respiratoires et cardiovasculaires ont augmenté de façon alarmante au cours des trois dernières décennies. De nombreuses études scientifiques confirment que les principales causes de ces maladies sont le tabagisme, la mauvaise alimentation, le manque d'exercice, l'alcool, le stress et la pollution[3].

Malgré cette information, la médecine nord-américaine du début du XXIe siècle continue de concentrer ses efforts sur le traitement de la maladie à l'aide d'interventions biomédicales. À part quelques rares exceptions comme le cancer du sein, la **prévention** ne fait pas partie des préoccupations ni des priorités de l'organisation en matière de financement des soins de santé.

Pendant ce temps, la réalité économique frappe de plein fouet le Canada. La population prend de l'âge et la multiplication constante du nombre d'interventions médicales coûte, chaque année, des milliards de dollars supplémentaires. Puisque les impôts des citoyens canadiens sont déjà parmi les plus élevés du monde, le gouvernement du Canada et ceux des provinces canadiennes doivent trouver rapidement des solutions de rechange pour arrêter l'hémorragie.

Aux États-Unis, de plus en plus de citoyens sont incapables de faire face à la montée croissante des coûts de l'assurance maladie privée. En effet, dans le pays le plus riche du monde, plus de 40 millions d'Américains ne possèdent toujours pas d'assurance médicale[4]. Nombre de plans de réforme des services de santé ont été présentés par le gouvernement fédéral et ceux des différents États américains, mais l'importance des intérêts économiques en jeu rend la tâche extrêmement complexe, encore plus qu'au Canada.

SCÉNARIO DU FUTUR
Le Canada devient un modèle mondial en matière de santé

Nous sommes en l'an 2025 et 98 % des citoyens canadiens ont accès à la nouvelle génération d'Internet. En matière de services de santé, le Canada possède le modèle le plus enviable de la planète. Des représentants des gouvernements et des institutions de santé du monde entier visitent régulièrement le Canada pour mieux comprendre la recette de ce succès.

La réforme nationale des services de santé a véritablement débuté en 2005 lorsque le premier ministre de l'époque a réussi à convaincre ses homologues provinciaux d'accorder une importance primordiale à la prévention dans le cadre du projet de développement du dossier médical unique.

Le fichier unique des patients canadiens est devenu véritablement opérationnel en 2014. Grâce à ce système, tous les renseignements médicaux concernant un patient, incluant les résultats des tests et les radiographies, sont enregistrés en permanence et rendus accessibles à partir d'un seul dossier électronique. Que ce soit dans une clinique, à l'hôpital ou lors d'une visite à domicile, le dossier médical est toujours le même, accessible 24 heures sur 24, de n'importe où dans le monde.

Au début, des groupes de protestataires s'opposaient au dossier médical unique au nom de la protection de la vie privée. Des affiches présentaient le visage du premier ministre du Canada avec l'inscription « Big Brother », le célèbre personnage du roman de science-fiction *1984*, de George Orwell. Le premier ministre a dû intervenir pour rassurer la population. Il a affirmé que le système était extrêmement sécuritaire et qu'il avait été conçu pour protéger la vie privée des citoyens. Un service a été créé pour recueillir et analyser les plaintes des citoyens et informer le public des mesures de sécurité sophistiquées qui ont été mises en place.

Avec le fichier central canadien, seuls les professionnels de la santé qui ont réellement besoin d'accéder à un dossier médical pour des raisons professionnelles peuvent le faire. Chaque patient a accès à son dossier sur Internet ; ce dernier contient une liste présentant le nom et le numéro d'employé de tous les professionnels de la santé qui ont consulté son dossier, ainsi que l'endroit, la date et l'heure de ces consultations.

Le système permet même à un citoyen d'interdire l'accès à son dossier médical s'il le désire. Dans un tel cas, personne ne peut consulter l'information médicale de ce patient sans utiliser sa carte électronique et son code d'accès secret. En 2025, seuls quelques rares individus exigent une telle discrétion, car la confidentialité du système a fait ses preuves au cours des années.

■ Une médecine préventive qui s'intègre facilement au système

Dans une allocution, le premier ministre a énoncé l'objectif principal du dossier unique du patient, soit « [...] améliorer la santé et la qualité de vie de tous les Canadiens. Avec le dossier unique, il sera plus facile et moins coûteux d'offrir des soins de santé de première qualité. Notre but n'est pas seulement de mieux soigner les malades, mais également de prévenir la maladie lorsque cela est possible. Nous allons vraiment appliquer le vieux dicton *Mieux vaut prévenir que guérir.* »

La stratégie canadienne a rapidement fait ses preuves et permet des économies de plusieurs milliards de dollars[5] par année.

L'exemple qui suit décrit une visite chez le médecin au Canada en 2020.

Diane, une mère de 28 ans, se rend à la clinique médicale avec son fils âgé de 18 mois. Le petit ne cesse de pleurer depuis quelques heures. Le médecin complète l'examen et dit à la mère que son enfant souffre d'une otite moyenne, soit une infection aux oreilles très commune chez les enfants.

« J'ai ici une vidéo qui explique bien le problème. » Sur son bureau, le médecin touche un écran avec son doigt et un extrait vidéo commence. Le segment télévisuel de 90 secondes explique la cause des otites et mentionne que « les données médicales des 10 dernières années sur plus de 64 millions d'enfants démontrent que les otites guérissent d'elles-mêmes dans 91 % des cas, sans qu'on ait recours aux antibiotiques. Il est recommandé d'attendre trois ou quatre jours pour laisser la chance au système immunitaire de l'enfant de régler le malaise naturellement. »

Le médecin stoppe la vidéo et rassure la mère : « Votre enfant continuera probablement de pleurer, mais une prescription n'y changera rien de toute façon. Pour apaiser le mal du petit, utilisez un analgésique pour enfants. » Le médecin inscrit son diagnostic au dossier médical électronique de l'enfant.

Trois jours plus tard, le système automatisé signale la nécessité de faire un suivi. Une infirmière communique avec la mère en vidéoconférence pour s'informer de l'état de santé de l'enfant. Ce dernier se porte mieux, et l'information est inscrite au dossier.

Trois mois plus tard, Diane est de retour à la clinique avec son garçon. Le même problème se manifeste. Le médecin diagnostique une nouvelle infection aux oreilles. La base de données canadienne des traitements et de leur efficacité de l'année 2020 indique qu'une séance chez un ostéopathe qualifié met fin aux otites à répétition chez les jeunes enfants dans près de 70 % des cas. Cette statistique provient d'études médicales empiriques effectuées auprès de nombreux groupes de contrôle, ainsi que de données recueillies dans l'ensemble des dossiers médicaux des enfants atteints d'otites. Le médecin conseille donc à la mère de prendre rendez-vous chez l'ostéopathe.

La semaine suivante, l'ostéopathe effectue des manipulations autour de l'oreille et dans le cou de l'enfant. Le tout se déroule sans douleur et l'ostéopathe inscrit les détails de son intervention directement dans le dossier de l'enfant. L'enfant de Diane n'a plus jamais eu d'infection aux oreilles.

Quelques années plus tard, Diane a eu un deuxième garçon. Elle a consulté l'ostéopathe dès la première infection aux oreilles de son enfant.

Dix ans seulement après l'introduction du dossier unique du patient et de mesures de prévention, le nombre de consultations en clinique pour les otites des jeunes enfants a diminué de 42 %, et le nombre d'interventions chirurgicales pour insérer des tubes dans les oreilles, de 94 %. Au Canada, la valeur totale de ces améliorations, et ce, seulement en ce qui a trait aux otites, représente des économies de près de un milliard de dollars par année. Durant cette même période, le nombre de prescriptions d'antibiotiques pour le traitement des otites a diminué de 74 %.

◾ La capacité de prévoir la maladie

En 2025, la prévention des maladies occupe plus que jamais une place de premier plan dans le système de santé canadien. Pour chaque citoyen, le dossier médical personnel contient une section de recommandations, touchant particulièrement son état de santé présent et futur, basé sur son hérédité, ses antécédents, son style de vie et sur près de 15 ans d'analyse des dossiers médicaux de tous les Canadiens. Dans l'exemple qui suit, Jacques, âgé de 41 ans, se présente chez son médecin pour un examen de routine.

Jacques accède au système de prise de rendez-vous sur Internet et aperçoit simultanément l'information dont il a besoin et la secrétaire de la clinique, en direct à l'écran. Étant donné la période de trois ans qui s'est écoulée depuis son dernier examen médical et certains facteurs personnels, la secrétaire explique à Jacques que le système prévoit automatiquement une période de 60 minutes avec le médecin et une visite préalable au laboratoire pour une analyse de sang et d'urine. Jacques subit les tests, et les résultats sont enregistrés dans son dossier avant son rendez-vous. Tous les échanges d'information sont électroniques. Il n'existe pas ou que peu de papier.

Deux semaines plus tard, le médecin accueille Jacques et lui demande quelle est sa perception de son état de santé en général. Ce dernier répond qu'il a pris un peu de poids et qu'il se sent plus fatigué qu'avant : « Vous comprenez, avec les enfants et le travail, je manque de temps pour faire de l'exercice. »

Le médecin amorce une discussion au sujet des habitudes alimentaires de Jacques et poursuit avec des questions concernant son travail, son niveau de stress, sa position lorsqu'il travaille à l'ordinateur, etc. Depuis 2010, tous les médecins généralistes canadiens suivent une formation spéciale pour mieux s'informer des multiples facteurs affectant la santé physique et mentale des patients.

Suit un examen médical complet, établi en fonction de l'âge et de la condition de Jacques. Le médecin inscrit certaines données au dossier électronique, dont le poids et le tour de taille. Puis il regarde Jacques droit dans les yeux et lui parle franchement : « Vous savez, ce n'est pas tellement compliqué. Votre taux de cholestérol est trop élevé. Vous pesez 12 kg de trop pour votre âge et votre taille, vous ne faites pas du tout d'exercice, vous ne portez pas une grande attention à votre alimentation, et des membres de votre famille immédiate, dont votre père et votre frère, ont subi des crises cardiaques. Selon les statistiques qui apparaissent à l'écran, si vous continuez comme ça, vos chances d'être victime d'un incident cardiaque avant 50 ans sont d'environ 60 %. Et je vous garantis que notre nouveau système de prévision est fiable, car il analyse continuellement l'état de santé de tous les Canadiens, et des centaines de spécialistes et de chercheurs contribuent à l'analyse et à l'interprétation des données. »

Le médecin poursuit : « La bonne nouvelle, c'est que nous pouvons vraiment vous aider. Depuis quelques années, nous avons un programme sur mesure pour les gens comme vous. C'est entièrement couvert par le gouvernement et c'est extrêmement efficace. Une équipe de spécialistes vous aidera et vous encouragera à mieux manger et à faire des exercices adaptés à vos besoins. Si vous acceptez d'y participer, je vous assure que dans seulement quatre mois vous allez vous sentir 15 ans plus jeune. Vous allez mieux dormir. Et, en plus, vous ne serez pas obligé de suivre une diète draconienne. Vous mangerez bien, je vous le promets ! »

Jacques réplique : « C'est vraiment gratuit ? » Le médecin répond : « Oui, absolument gratuit pour une période d'un an. Regardez ici, à l'écran. Si vous ne modifiez pas vos comportements, vos problèmes de santé futurs coûteront au gouvernement de 200 000 $ à 850 000 $. C'est pour cela que le programme s'appelle *Mieux vaut prévenir que guérir* ! Si vous suivez le programme sérieusement durant toute l'année, vous courez d'excellentes chances de continuer à vous préoccuper de votre santé pour le reste de votre vie et d'éviter non seulement une crise cardiaque, mais de nombreuses autres maladies. En payant les cours de nutrition et de conditionnement physique à des milliers de gens comme vous, le gouvernement prévoit épargner des milliards de dollars chaque année. »

▨ Une collaboration efficace entre les spécialistes

Le programme de prévention médicale canadien a été développé en tenant compte du dossier unique des patients. Dans le cas de la nutrition, par exemple, les nutritionnistes agréés par le gouvernement ont accès à la section « Nutrition » du dossier médical de leurs clients. Lorsque Jacques a rencontré la nutritionniste, celle-ci a analysé ses habitudes alimentaires en détail et a inscrit l'information à son dossier. À partir de ces renseignements, le système a automatiquement proposé un programme alimentaire qui correspond à l'état de santé et au profil génétique de Jacques, tout en tenant compte de ses goûts et de ses préférences.

Le programme alimentaire canadien est le fruit de 15 années de recherche sur l'alimentation et sur les méthodes les plus efficaces pour aider et motiver les gens à modifier leurs habitudes alimentaires. Les fonctions multimédias d'Internet sont utilisées au maximum. À la maison, le système propose à Jacques un menu hebdomadaire complet qui correspond à ses goûts et à ses préférences alimentaires. Tous les repas indiqués à l'écran peuvent être remplacés si Jacques a envie de manger autre chose. Il lui suffit de toucher l'écran pour obtenir une dizaine de choix équivalents pour chaque repas.

Le programme alimentaire est un véritable cours de cuisine internationale. On y retrouve d'excellentes recettes de toutes les régions du monde. Chaque recette est expliquée étape par étape. Si une consigne n'est pas claire, Jacques n'a qu'à toucher l'écran pour obtenir un segment vidéo montrant les mains d'un chef cuisinier qui effectue l'étape en question. En 2025, on retrouve des écrans plats sans fil dans presque toutes les cuisines.

Pendant six mois, la diététiste a communiqué avec Jacques au moins une fois par semaine en vidéoconférence pour répondre à ses questions et l'encourager. Le scénario est similaire pour le conditionnement physique. À la suite de sa visite chez le médecin, Jacques a également rencontré un spécialiste en éducation physique, détenteur d'un diplôme en prévention des maladies cardiaques. L'éducateur physique et quatre de ses collègues ont lancé leur propre clinique pour participer au programme de prévention médicale canadien. Ils travaillent en étroite collaboration avec des médecins généralistes, des cardiologues, des diététistes et d'autres professionnels, selon les besoins.

Dans le cas de Jacques, le spécialiste a utilisé un système d'aide à la décision approuvé par les cardiologues pour définir un plan de conditionnement physique personnalisé. Puisque Jacques n'aime pas les centres de conditionnement physique, son programme initial se divise en 6 séances de 20 minutes par semaine qu'il peut accomplir à la maison : trois séances sur une bicyclette stationnaire spéciale, qu'on lui fournit pour seulement 5 $ par mois, et trois séances de conditionnement physique devant son écran géant.

On a fourni gratuitement à Jacques un ordinateur médical minia-ture conçu spécialement pour surveiller et enregistrer le rythme cardiaque et la pression artérielle des individus à risque. Cet appareil sans fil transmet directement des données dans le dossier médical de Jacques. Si son cœur réagit anormalement, le système indiquera à Jacques de cesser tout de suite ses activités. Dans un cas plus sérieux, un signal est envoyé automatiquement à un centre de contrôle d'urgence et un infirmier spécialisé appelle immédiate-ment le patient pour s'informer de sa condition. Si la personne ne répond pas, le système de détection par satellite est capable de déterminer précisément sa position n'importe où sur la planète.

Heureusement pour Jacques, cette technologie n'a pas été mise à l'épreuve, car son corps a très bien réagi au programme d'alimen-tation et de conditionnement physique. À la fin du cinquième mois, Jacques a perdu 14 kilos et son taux de cholestérol et sa pression artérielle sont redevenus normaux. Jacques est beaucoup plus énergique et son système immunitaire a repris toutes ses forces. Pendant les cinq années qui ont suivi, il n'a eu aucun problème nécessitant une attention médicale, même pas une grippe.

■ Un accès aux meilleures connaissances médicales

Le système de dossier unique des patients a été conçu dès le départ pour être directement relié à un système d'aide à la décision pour les médecins et pour tous les autres professionnels de la santé. Cette base de données contient la meilleure information médicale disponible sur toutes les pathologies et tous les traitements connus.

En 2008, le gouvernement canadien, les États-Unis, quelques pays européens, l'Australie et la Nouvelle-Zélande ont uni leurs efforts pour créer une équipe internationale dont l'unique travail consiste à analyser les meilleurs traitements possibles pour toutes les ma-ladies connues.

Cette équipe est libre de toute influence commerciale et gouvernementale. Le fruit du travail des spécialistes est offert en deux versions. La première est destinée aux médecins et aux spécialistes de la santé, et la seconde est accessible sur Internet pour le public en général.

L'information présentée aux médecins est rapidement devenue le système d'aide à la décision le plus utile et le plus efficace de l'histoire de la médecine. Depuis le début, l'équipe internationale enrichit le contenu en adoptant la perspective des professionnels de la santé qui allaient les utiliser. Des maquettes et des prototypes des services ont d'abord été testés sur des médecins et d'autres professionnels pour s'assurer qu'ils sont réellement faciles à utiliser et correspondent vraiment à leurs besoins et à leurs attentes. Ces services incluent des fonctions de feed-back contextuel permettant aux professionnels de la santé de donner facilement leurs commentaires et leurs suggestions pour améliorer l'information. L'équipe internationale analyse ces commentaires et effectue des ajustements lorsque nécessaire.

Le système n'est pas parfait. Certains spécialistes critiquent l'approche car ils la considèrent encore beaucoup trop liée à la médecine biomédicale, c'est-à-dire impliquant un trop grand penchant pour les médicaments, les traitements technologiques et les interventions chirurgicales. Malgré les critiques, le système possède une qualité irréprochable : il fonctionne comme un livre ouvert. Tous ces services et recommandations sont accessibles au public et surtout à tous les spécialistes du monde qui voudraient critiquer leur validité.

■ Un excellent service d'information médicale pour le public

En parallèle, le service Internet d'information médicale pour le grand public est devenu une référence mondiale. Auparavant, les services Internet spécialisés en information médicale étaient presque tous subventionnés par des compagnies pharmaceutiques ou des vendeurs de produits de toutes sortes, ce qui affectait inévitablement le degré d'objectivité. Le site international, lui, est libre de toute influence commerciale.

Des sommes considérables ont été investies pour vulgariser le contenu et faciliter la recherche d'information par les utilisateurs. Le site utilise la pleine capacité multimédia d'Internet. Pour chaque explication, des spécialistes en communication interactive utilisent ce qui est le plus efficace : vidéo, animation, son, images ou textes. Le contenu du service est constamment testé auprès d'usagers pour vérifier si les gens s'y retrouvent et si les explications sont vraiment claires.

De nouvelles façons de trouver l'information rapidement et efficacement ont été mises au point. Par exemple, la section des premiers soins propose différentes façons d'accéder à l'information. La méthode la plus populaire auprès du public est celle qui consiste à toucher des parties précises du corps humain.

Imaginons qu'un garçon de deux ans se brûle les doigts sur la cuisinière. Le parent se tourne vers l'écran plat sur le comptoir de cuisine et prononce les mots « Oscar : premiers soins », Oscar étant le nom de l'ordinateur. Instantanément, la page des premiers soins apparaît à l'écran avec une série d'illustrations représentant des personnes de différents groupes d'âge. Le parent touche l'illustration du corps d'un garçon de deux à cinq ans. L'illustration du corps de l'enfant s'agrandit et remplit l'écran immédiatement.

Le parent touche les doigts de l'enfant sur l'illustration et ceux-ci changent automatiquement de couleur. Le parent touche l'icone « Go » et une liste de problèmes possibles apparaît tout de suite à l'écran : coupure, brûlure, engelure, enflure, etc.

Le parent choisit le mot « brûlure », et s'ensuit une présentation de différents types de brûlures possibles aux doigts. Grâce à cette forme de navigation facile à utiliser, le parent trouve exactement l'information dont il avait besoin en moins de 10 secondes. Un document vidéo explique ensuite ce qu'il faut faire à l'aide d'une démonstration. La recommandation est basée sur les meilleures connaissances médicales concernant les premiers soins pour les brûlures aux doigts. La même information est offerte dans plusieurs langues, avec des illustrations.

Les renseignements fournis au public dépassent souvent le domaine médical. Par exemple, un adulte qui a mal au coude à cause du tennis ne trouve pas seulement d'excellents conseils médicaux. Le système indique également la mention qui suit : « La façon dont vous frappez la balle pourrait être la cause de votre malaise au coude. Prenez un moment pour regarder cette vidéo. »

En 60 secondes, la vidéo explique clairement comment de nombreux amateurs placent mal leur bras et leur corps au moment de l'impact avec la balle. Puis le document montre la bonne position (adoptée par les professionnels) qui permet de diminuer l'impact sur le coude et d'augmenter la force du coup. « Si votre position n'est pas bonne, nous vous conseillons les cours virtuels suivants sur Internet ou, mieux encore, de consulter un instructeur de tennis professionnel de votre région. »

■ Un service central au service de la recherche médicale et de la santé publique

La base de données comportant le dossier médical de tous les citoyens canadiens est une mine d'or pour les chercheurs et les professionnels de la santé publique. Dès le départ, le système canadien a été conçu pour permettre de soutirer les données des dossiers médicaux de façon totalement impersonnelle. Il est impossible pour un chercheur d'établir une relation entre un patient réel et les données auxquelles il a accès.

Par exemple, le système central permet d'analyser l'impact de la qualité de l'air sur la santé des citoyens canadiens. Lorsque des patients sont atteints de problèmes respiratoires comme l'asthme ou la pneumonie, le médecin pose des questions supplémentaires propres à ces conditions. Ce dernier demande une description du type de travail et l'adresse exacte du lieu de travail : usine, édifice, à l'extérieur, sur la route, à la maison ou autre. Il note également le type de résidence familiale, le système de climatisation et de chauffage, la présence ou non de fumeurs, etc.

Ces données précises se sont révélées d'une valeur inestimable pour les chercheurs et les professionnels de la santé publique. Entre autres révélations, l'analyse des données par le système a permis de déceler automatiquement les édifices privés et publics, incluant les usines où l'air ambiant cause le plus de problèmes de santé. Cela a également permis d'analyser l'impact des différents types de climatisation et de chauffage à domicile.

Depuis 2012, un groupe de chercheurs spécialisés dans le cancer du sein chez les femmes utilise de multiples sources de données, dont un système automatisé pour analyser chaque jour des milliers de radiographies numériques. Ces analyses sont effectuées durant la vie entière de toutes les femmes canadiennes et permettent, entre autres, d'évaluer l'efficacité des différentes mesures préventives et des traitements contre le cancer en fonction de multiples critères.

Des campagnes d'information et de nombreux reportages journalistiques ont démontré au public les multiples bienfaits du système. Par exemple, celui-ci a été conçu pour détecter beaucoup plus rapidement les risques d'épidémie. Aussitôt qu'un nombre anormalement élevé de maladies infectieuses ou d'empoisonnements alimentaires surgit, le système réagit automatiquement et attire immédiatement l'attention des responsables de la santé publique.

De plus, l'existence du système central des dossiers médicaux a amené de multiples secteurs de la santé publique à travailler en plus étroite collaboration. Par exemple, les spécialistes de l'analyse de la qualité de l'eau potable travaillent en constante collaboration avec le ministère de l'Agriculture et des chercheurs spécialisés pour analyser continuellement les répercussions écologiques des grandes fermes d'élevage commerciales sur la santé des Canadiens des différentes régions du pays.

En 2025, les données statistiques provenant des dossiers uniques des patients du Canada et de plusieurs autres pays industrialisés rappellent sans cesse aux gouvernements que la prévention médicale et l'amélioration de la qualité de l'eau potable, de l'air et des aliments doivent toujours demeurer au cœur de leurs préoccupations.

DE RETOUR AU CONTEXTE D'AUJOURD'HUI
En santé, le futur commence dès maintenant

En 2003, une organisation appelée Inforoute Santé du Canada a pour mandat de rassembler les composantes de ce qu'elle appelle le dossier de santé électronique[6]. Des sommes considérables, des milliards de dollars, seront investies dans cette initiative canadienne au cours des prochaines années.

La première étape du mégaprojet consiste à établir une infostructure commune et des standards qui permettront d'intégrer et de relier de multiples sources d'information au dossier unique de chaque patient. Cette infrastructure permettra entre autres d'interrelier des fichiers électroniques d'images tels que des rayons X, des résultats de laboratoire ainsi que de l'information cruciale concernant les médicaments prescrits au patient. Le système prévoit également de multiples usages, dont la gestion du savoir qui permettra aux médecins d'avoir accès aux meilleures connaissances médicales et de collaborer activement à l'évolution de ces bases du savoir.

Actuellement, le système de dossier unique du patient canadien ne prévoit pas nécessairement intégrer les composantes de médecine préventive et les mécanismes de collaboration reliant des spécialistes comme les diététistes et les instructeurs de conditionnement physique, tel que décrit précédemment. L'organisation Inforoute Santé du Canada tente actuellement d'établir une structure assez souple pour permettre d'ajouter de nouvelles fonctions au fil des ans. Mais comme il s'agit de systèmes informatiques, il est toujours préférable de déterminer assez précisément à l'avance ce que l'on compte accomplir dans le futur. Rien ne garantit qu'il sera possible dans 5, 10 ou 15 ans de relier de nouvelles composantes au système.

Le développement du dossier électronique du patient ne doit pas se limiter à l'amélioration des services actuels centrés sur la guérison et les interventions biomédicales. Un tel système permettrait certainement au Canada d'améliorer l'efficacité des soins de santé, de réduire les listes d'attente, de sauver des milliers de vies humaines et d'épargner des centaines de millions de dollars par année. En revanche, ces économies ne représenteraient qu'une fraction des coûts des soins de santé, qui seront à la hausse au cours des prochaines décennies, en particulier en raison du vieillissement de la population.

De toute évidence, la façon idéale de contrôler – et possiblement de diminuer – les budgets alloués aux services de santé consiste à améliorer l'état de santé des citoyens et à prévenir la maladie. C'est un défi considérable. La réussite dans ce domaine repose sur des changements majeurs d'attitudes et de comportements au sein de la population. L'organisation des services de santé de l'avenir devra jouer le rôle de catalyseur dans un projet d'une telle envergure.

Pour mettre au point un modèle des services de santé capable de relever un tel défi, nous devons d'abord et avant tout imaginer et définir ce modèle de la médecine du futur. Cet exercice créatif essentiel doit débuter dès aujourd'hui pour profiter au maximum des possibilités des nouvelles technologies de communication interactive au cours des prochaines décennies.

Le processus de réflexion nécessitera l'implication de multiples experts canadiens et internationaux dans le domaine de la santé et des multiples aspects de la prévention. Une stratégie et un plan d'action devront être développés. Des projections financières devront être faites, particulièrement en ce qui a trait au coût des programmes de prévention, comparativement aux sommes que ces derniers devraient permettre d'épargner dans le futur.

Puisque les technologies de la prochaine génération d'Internet existent déjà en laboratoire, nous sommes en mesure de simuler les services du futur pour permettre aux participants des multiples organisations impliquées dans le dossier de la santé de mieux visualiser les possibilités de l'avenir. Il s'agit en fait d'imaginer dès aujourd'hui, au meilleur de nos connaissances, un modèle de soins de santé idéal pour le futur. Un tel exercice de création nous aiderait à mieux orienter l'évolution des services de santé d'ici à l'an 2025.

CINEMONDE.ORG

La fin du monopole de Hollywood

En Europe, au Canada et en Australie, les films américains détiennent une part de marché dominante : 71 % dans l'Union Européenne, 85 % au Canada, 83 % en Australie, 83 % au Royaume-Uni, 56 % en France et 64 % en Italie. En 2002, le budget de production moyen d'un film lancé par les *majors* américaines était de 58,8 millions de dollars américains, et le budget moyen accordé au marketing, pour les copies de films et la publicité, était de 30,6 millions[7].

Que ce soit à Paris, à Montréal ou à Sydney, un nouveau long métrage américain est projeté sur plusieurs écrans alors qu'un nouveau film local, dans son propre pays, est à l'affiche dans un nombre restreint de cinémas. Conséquence : il est beaucoup plus facile pour les producteurs de films américains d'attirer les millions de dollars des investisseurs et des banquiers. Le risque financier est moindre puisque les productions américaines réussissent à être profitables en appliquant la même recette économique film après film.

Les producteurs de Hollywood, eux, font recette grâce aux moyens de communication de masse. En effet, la principale raison pour laquelle les grandes vedettes hollywoodiennes obtiennent des cachets faramineux pour jouer dans un film n'est pas nécessairement leur talent d'interprète. Quelques semaines avant la sortie de leur nouveau film, ces vedettes font la tournée des talk-shows télévisés les plus populaires et leur visage fait la une des magazines et des journaux partout dans le monde. À elle seule, cette publicité gratuite a souvent une valeur aussi élevée que la rémunération astronomique de l'acteur principal.

Ces stars non seulement font l'objet des mégacampagnes de publicité des studios de Hollywood à la télévision, sur les panneaux d'affichage, les flancs des autobus et dans les pleines pages des journaux et magazines, mais elles en sont également le message principal. Dès que le film prend l'affiche, des millions de gens réagissent à la publicité et démontrent, semaine après semaine, que la formule économique hollywoodienne fonctionne très bien.

À l'extérieur des États-Unis, les producteurs et les cinéastes réussissent difficilement à attirer les investisseurs malgré les crédits d'impôt importants accordés aux industries culturelles. À l'heure actuelle, la survie des cinémas européen, canadien et australien repose sur les subventions de l'État.

SCÉNARIO DU FUTUR
Le modèle économique de Hollywood ne fonctionne plus

Nous sommes en 2025. L'industrie du cinéma produit chaque année cinq fois plus de longs métrages qu'en l'an 2000 et la croissance se poursuit. Une organisation appelée Cinémonde produit presque autant de films que l'ensemble des grands studios de Hollywood réunis.

Cinémonde a introduit un concept révolutionnaire : **ce sont les cinéphiles qui décident quels films seront produits.** Le procédé est simple. Par l'intermédiaire du site Internet cinemonde.org, des producteurs et des réalisateurs indépendants présentent leurs projets de films à des millions de personnes en leur proposant d'y investir 5 $ ou plus. En échange, chaque investisseur obtient gratuitement par Internet une copie numérique du film et récolte même un petit profit si le film connaît le succès auprès d'un large public.

En 2025, l'organisation Cinémonde compte plus de 185 millions de membres dûment inscrits. Tous les membres ne sont pas nécessairement des investisseurs. En fait, la principale raison pour laquelle les gens consultent régulièrement le site Internet cinemonde.org est pour choisir un film parmi ceux qui sont à l'affiche dans les cinémas ou offerts dans le plus grand club vidéo de l'histoire : Internet. Tous les films qui ne sont plus à l'affiche dans les cinémas sont offerts sur Internet pour des sommes variant de 1 $ à 5 $.

En accédant au service Cinémonde, chaque membre accède à une section affichant les 10 meilleurs films, dans un ordre qui correspond précisément à ses goûts et à ses intérêts personnels. Le film indiqué comme étant le numéro un a toutes les chances du monde d'être réellement celui qui plaira le plus au membre parmi tous les films à l'affiche dans les cinémas ou offerts sur Internet.

Le système a raison dans 98,7 % des cas, et cela n'a rien à voir avec la magie. Le système de suggestion de films personnalisée de Cinémonde apprend à connaître les préférences des membres de la façon suivante : après avoir vu un film, le membre accède au service Cinémonde pour enregistrer son appréciation dans son dossier personnel. Par exemple, si un membre inscrit une cote d'appréciation de 8,4 sur 10 pour le film qu'il vient de voir, il reçoit automatiquement une réponse du système lui rappelant les cotes qu'il a accordées à des films du même genre : « Votre dossier indique que vous avez accordé une cote de 7,4 au film *L'agent triple* et de 8,1 au film *Le justicier de Moscou*. Croyez-vous toujours que votre cote de 8,4 est justifiée ? »

Avec les années, les experts en systèmes d'appréciation ont compris qu'une telle réponse du système force l'individu à se questionner davantage. Cette technique permet d'obtenir des cotes plus représentatives de l'appréciation réelle du cinéphile, car lorsqu'un film est excellent, les émotions amènent souvent les gens à le surévaluer.

Le système de suggestion de films de Cinémonde analyse constamment les appréciations enregistrées par ses 185 millions de membres. Cette comparaison intelligente tient compte non seulement des appréciations, mais également de multiples facteurs comme l'âge, le sexe, la nationalité, les langues parlées et le lieu de résidence des membres, en plus de certaines particularités culturelles et artistiques des films. Son programme complexe compare les profils détaillés des membres et établit des relations entre les profils similaires afin de fournir une liste des films les plus intéressants pour chaque individu.

Le système s'autoanalyse continuellement et vérifie son degré de précision. Lorsqu'un membre enregistre une nouvelle appréciation, le système compare cette cote avec celle qui avait été estimée. Avec les mois et les années, le système intelligent améliore constamment sa précision.

■ Cinémonde fout le bordel dans le modèle économique de Hollywood

La précision renversante de son système de suggestion de films a permis à Cinémonde d'attirer plus de 75 millions de membres dès sa première année d'existence. Ces millions de cinéphiles ont commencé à se fier aux suggestions personnalisées du système de Cinémonde et, du même coup, les campagnes publicitaires des films de Hollywood sont devenues beaucoup moins efficaces pour attirer le public.

En 2025, la technique de tapage médiatique de Hollywood attire moins de gens lors du lancement d'un long métrage, puis, dès la deuxième semaine, sa réussite commerciale est directement proportionnelle aux appréciations fournies par les gens qui ont vu le film. Avant la création de Cinémonde, le processus naturel de bouche à oreille s'échelonnait sur quelques semaines et la publicité attirait assez de gens pour permettre à la plupart des films hollywoodiens de faire des profits, mais plus maintenant. En raison de l'existence de Cinémonde, le processus de bouche à oreille à l'échelle mondiale s'effectue en quelques jours seulement.

Malgré tout, Hollywood a très bien survécu à l'impact de Cinémonde. En fait, grâce à ce nouveau système, les meilleurs films de Hollywood attirent des foules encore plus considérables qu'avant, et lorsqu'ils deviennent disponibles en version numérique sur Internet, ils rapportent souvent plus de 30 millions de dollars en une seule journée. Un film de Steven Spielberg a battu tous les records avec des recettes de 190 millions en moins de 24 heures !

En revanche, plusieurs productions hollywoodiennes ont subi de terribles débâcles financières, car lorsqu'un film est vraiment mauvais, le système de Cinémonde permet aux millions de cinéphiles de le savoir très rapidement. Hollywood et tous les producteurs indépendants de la planète se sont graduellement ajustés à la nouvelle ère du cinéma créée par Cinémonde.

▣ Cinémonde devient le principal compétiteur de Hollywood

Le principal objectif des fondateurs de Cinémonde a toujours été de permettre au public de choisir les films qui seront produits. Le système de suggestion personnalisée a d'abord et avant tout été mis au point **pour amener les cinéphiles à investir dans les films.**

Lorsque les fondateurs de Cinémonde ont créé l'organisation, ils ont rencontré les plus importants producteurs et cinéastes indépendants en Europe, au Canada, en Australie et aux États-Unis. Ils leur ont présenté le modèle d'affaires de Cinémonde et les ont invités à mettre au point leurs projets de longs métrages pour les présenter aux membres de l'organisation.

Ils ont encouragé les producteurs à laisser aller leur créativité comme jamais auparavant : « Vous n'avez plus affaire à des investisseurs, à des banquiers ou à des représentants d'organismes gouvernementaux qui jugent vos idées selon des critères qu'ils vous imposent. Vous avez directement accès aux cinéphiles. Il s'agit d'une occasion unique dans l'histoire. Nous vous imposons seulement deux restrictions : nous ne voulons pas de films pornographiques ni de films qui contiennent de la propagande haineuse. Pour le reste, c'est à nos membres de juger vos propositions. »

Les représentants de Cinémonde ont exposé les règles du jeu et les mécanismes de contrôle des budgets et des échéanciers obligatoires. Par exemple, ils ont imposé des limites salariales réalistes aux producteurs, aux réalisateurs et aux acteurs. « Vous ferez des profits supplémentaires seulement si vos films connaissent du succès auprès du public. Vous pouvez embaucher un acteur populaire si vous le voulez, mais ce dernier devra accepter d'être payé proportionnellement au succès commercial du film. Nous représentons les intérêts financiers de nos membres et nous ne voulons pas que des producteurs, des réalisateurs et des acteurs s'enrichissent sans d'abord livrer la marchandise. » Cinémonde a également instauré des mesures préventives et souscrit à des assurances pour protéger les investissements du public en cas de fraude, de faillite d'un producteur ou de l'impossibilité de compléter le tournage d'un film.

Lorsqu'un membre accède au site Internet de Cinémonde, deux sections sont en évidence à l'écran. La première contient la liste des 10 suggestions de films qui correspondent aux goûts et aux intérêts du membre. La seconde, juste à côté, présente une liste de longs métrages dans lesquels le membre peut investir. Lorsque le membre sélectionne un de ces films, il accède à un document multimédia conçu par les producteurs pour convaincre les internautes d'investir dans leur projet. Habituellement, un bref extrait vidéo expose l'idée générale du film, et le reste des renseignements vise à démontrer l'expérience et la crédibilité de l'équipe de production et, surtout, à convaincre les gens que le film sera vraiment intéressant.

■ Des centaines de millions de dollars pour financer les films de Cinémonde

À mesure que des membres investissent dans les projets de films, le système d'analyse des profils personnels de Cinémonde compare les profils des investisseurs à ceux de l'ensemble des membres de Cinémonde. Cette comparaison détermine automatiquement l'ordre dans lequel les projets de films sont présentés sur l'écran d'accueil, attirant ainsi l'attention des membres sur les projets qui ont le plus de chances de les intéresser personnellement. Une deuxième liste sur l'écran d'accueil présente les projets qui ont déjà obtenu plus de 60 % de leur financement. Les membres sont également invités à consulter la section qui contient la liste et la présentation de tous les projets de films.

La stratégie de financement des films de Cinémonde a connu un succès inespéré. Avec les années, des dizaines de millions de membres ont pris l'habitude d'investir régulièrement des sommes de 5 $ à 100 $ par film. Dans plusieurs cas, les producteurs obtiennent le financement total pour leurs projets en moins d'une semaine. Des idées de films inimaginables dans le contexte du début du siècle ont soudainement obtenu les budgets nécessaires à leur réalisation.

Par exemple, dès la première année d'existence du programme d'investissement, une maison de production a obtenu 24 millions de dollars pour réaliser un film intitulé *L'éclosion*. Ce film raconte la vie d'un futur président des États-Unis qui, en huit ans au pouvoir, a réussi à réduire le budget militaire des États-Unis de moitié et a convaincu l'ONU d'approuver une motion rendant illégales toutes les bombes nucléaires, les armes chimiques et les mines antipersonnel. L'intrigue repose sur un complot machiavélique visant l'assassinat du président américain le plus populaire de l'histoire.

Le film *L'éclosion* a connu un succès phénoménal dès sa sortie en salle. Précisons que les membres de l'organisation Cinémonde qui ont investi dans le film ne connaissaient pas les détails du complot contre le président, ni la conclusion du film. En effet, lorsque les idées de films sont présentées aux membres de Cinémonde, la conclusion n'est habituellement pas révélée pour conserver un élément de surprise.

Les services de nouvelles du monde entier ont parlé de l'impact incroyable de l'organisation Cinémonde sur l'industrie du cinéma. Les reportages expliquaient comment la nouvelle stratégie de marketing et de lancement de films de Cinémonde a totalement modifié les règles du jeu.

Cinémonde modifie les règles du jeu : les meilleurs films gagnent

Après avoir obtenu le financement d'un film et l'avoir réalisé, l'organisation Cinémonde s'occupe également de son lancement dans les salles de cinéma. La procédure se déroule comme suit : trois semaines avant le lancement d'un film comme *L'éclosion,* de 5 000 à 10 000 membres de Cinémonde sont sélectionnés au hasard dans environ 25 villes situées dans des régions géographiques variées. Ces membres sont invités à voir le film en avant-première dans un cinéma de leur quartier et obtiennent 25 $ pour leur déplacement. Ce montant est fourni pour inciter les personnes sélectionnées à se présenter.

Après avoir visionné le film, les milliers de membres enregistrent leur appréciation de l'œuvre sur le système d'agent intelligent de Ciné-monde. Le système compile ces données et effectue une prévision d'appréciation individuelle du film pour chacun de ses millions de membres. La cote d'appréciation des nouveaux films à l'affiche est accompagnée d'une note supplémentaire indiquant la source de l'évaluation et la marge d'erreur. Pour un membre donné, la prévision peut se lire ainsi : « Selon notre estimation, le film *L'éclosion* recevra la cote de 9,5 avec une marge d'erreur de plus ou moins 4 %, soit entre 9,1 et 9,9. »

Dans le cas du film *L'éclosion,* le système indiquait une prévision d'appréciation supérieure à 9,0 pour plus de 78 % des membres, soit plus de 83 millions de cinéphiles dans le monde (au moment du lancement du film, Cinémonde comptait 107 millions de membres). L'organisation de Cinémonde a transmis ces données statistiques aux compagnies propriétaires de salles de cinéma du monde entier. Ces données statistiques incluent des estimations pour le marché de chaque cinéma en particulier. Par exemple, pour un mégacinéma situé au centre-ville de Chicago, Cinémonde indique : « Selon nos prévisions, au cours du premier week-end où le film *L'éclosion* sera à l'affiche, de 3 200 à 3 800 personnes devraient se présenter à votre cinéma. » Avec les années d'expérience, ces prévisions sont devenues de plus en plus précises.

Même les salles de cinéma habituellement contrôlées par les grands studios de Hollywood se sont adaptées aux demandes des cinéphiles. Étant donné qu'en 2025 tous les films sont projetés sur les écrans en format numérique, les propriétaires de salles de cinéma ne peuvent pas prétendre de ne pas posséder de « copies » des films les plus en demande, car les films numériques leur sont livrés de façon sécuritaire par l'intermédiaire d'Internet. Avec les années, l'offre et la demande se sont naturellement ajustées et Hollywood n'est plus en mesure de contrôler les salles de cinéma comme auparavant.

Grâce au système d'analyse des cotes d'appréciation de Cinémonde, un excellent film peut très bien réussir financièrement sans grandes vedettes ni campagne de publicité. Un film d'auteur produit par un cinéaste inconnu peut tout à coup se retrouver sur la liste des meilleurs films de quelques centaines ou quelques millions de cinéphiles.

La stratégie de lancement de films de Cinémonde a provoqué une nouvelle vague de cinéma d'auteur et a permis à des productions à caractère moins commercial de s'adresser à des publics cibles. Des cinéastes originaux ont conquis le cœur de centaines de milliers d'individus et sont parvenus à obtenir le financement nécessaire pour mettre en images leur vision des choses. La véritable liberté d'expression cinématographique a pris son envol, mais les résultats sont parfois lamentables. Certains critiques crient au génie, d'autres sont scandalisés. Un peu partout dans le monde en 2025, des partis politiques de droite proposent de nouvelles lois de censure.

La promotion de la créativité cinématographique

Après une série de films à succès générés par Cinémonde, l'industrie du cinéma a connu une crise de l'emploi. Il n'y avait plus assez de spécialistes en production cinématographique pour suffire à la demande. Heureusement, l'organisation Cinémonde avait prévu le coup. Depuis sa création, 10 % de ses revenus sont réinvestis dans la formation des futurs auteurs, scénaristes, acteurs, réalisateurs, producteurs et travailleurs de cette industrie.

En 2025, l'École internationale du cinéma de Cinémonde est pourvue de quatre studios de production professionnels entièrement équipés. Les cours virtuels pour les auteurs et les scénaristes surpassent largement ceux des universités conventionnelles. Les étudiants apprennent à collaborer activement pour maximiser leur potentiel créatif. Plus de la moitié des étudiants à temps partiel sont des professionnels – avocats, enseignants, publicitaires, médecins et autres – qui ont toujours rêvé d'écrire des scénarios de films. Les frais de scolarité sont fixés au minimum, ce qui permet à l'école de s'autofinancer et d'accueillir un maximum d'étudiants.

Cinémonde a également un programme de financement pour les équipes créatives. De nombreux groupes d'auteurs et de scénaristes présentent leurs idées de scénario aux millions de membres de Cinémonde dans le but d'obtenir le financement nécessaire pour consacrer des mois entiers à la recherche et à l'écriture de scénarios exceptionnels. Le programme connaît un vif succès auprès du public puisque les investisseurs deviennent automatiquement propriétaires de 75 % des droits du scénario en question.

Quelques groupes se sont spécialisés dans les films de comédie, d'action, d'horreur, d'amour, etc., et sont devenus extrêmement populaires auprès du public. Certains ont leur *fan club* d'investisseurs gagnés à l'avance pour tous leurs projets, bien que leur réputation soit mise à l'épreuve chaque fois.

Certains de ces groupes invitent le public à soumettre des idées de scénario et à voter entre eux pour choisir une idée. La personne qui suggère l'idée gagnante obtient automatiquement le droit de se joindre à l'équipe de scénarisation et obtient un salaire en conséquence. La grande popularité de ce processus auprès des membres a quadruplé la valeur totale des investissements dans le développement de scénarios, et la qualité, la variété et l'originalité des films séduisent le public plus que jamais.

Parallèlement, une nouvelle génération de réalisateurs est née. Parmi les centaines d'apprentis réalisateurs, quelques-uns sont sélectionnés pour leur talent exceptionnel. Ces derniers reçoivent une bourse d'études appréciable, bénéficient de droits particuliers et obtiennent une attention toute spéciale. Ils effectuent des stages avec les meilleurs réalisateurs et reçoivent des budgets respectables pour réaliser de courts métrages afin de perfectionner leur art.

Cinémonde offre également un cours de cinématographie virtuel accessible aux élèves du secondaire du monde entier. Chaque année, un concours international des meilleurs courts métrages permet de repérer les jeunes talents. Les membres du jury sont des centaines de milliers de membres volontaires de Cinémonde.

Grâce à Cinémonde, les meilleurs scénaristes, réalisateurs et acteurs proviennent d'un peu partout sur la planète. En 2025, Hollywood est encore un centre de production exceptionnel, mais de nombreux autres lui font désormais concurrence.

DE RETOUR AU CONTEXTE D'AUJOURD'HUI
Libérer le septième art du carcan commercial actuel

Les conditions économiques et sociales actuelles sont idéales pour créer un organisme comme Cinémonde, car le modèle d'affaires qui régit présentement le monde du cinéma limite grandement la créativité des réalisateurs et des scénaristes. Bon nombre de ces derniers se plaignent publiquement de la difficulté, et le plus souvent de l'impossibilité, d'obtenir les budgets pour financer leurs idées de films dites « moins commerciales ». Par ailleurs, des millions d'amateurs de cinéma du monde entier critiquent sévèrement les films américains, qui contiennent trop souvent des scènes de poursuites automobiles, de la violence excessive et une surdose de patriotisme.

Une organisation de financement de films du genre de Cinémonde attirerait certainement l'attention des dizaines de millions de cinéphiles qui rêvent de voir des films passionnants de nature moins commerciale. Comme point de départ, Cinémonde pourrait tout simplement permettre aux cinéastes et aux scénaristes renommés de proposer leurs idées de films jugées « intéressantes, mais trop risquées financièrement » par les grands studios et les organismes de financement de films conventionnels. Il suffirait qu'un réalisateur et qu'un acteur connus proposent une idée de film originale pour attirer l'attention des médias lors de conférences de presse et d'une campagne de bouche à oreille sur Internet bien orchestrée. Une fois sur le site Internet de Cinémonde, les visiteurs se verraient proposer une douzaine d'idées de films différents, sous un slogan comme «Le pouvoir aux cinéphiles!».

En fait, un regroupement de seulement deux millions d'individus pourrait facilement produire une douzaine de longs métrages par année. Avec une moyenne de 25 millions de dollars par film, cela correspondrait à seulement 150$ par membre annuellement. Vingt-cinq millions de dollars est une somme amplement suffisante pour créer des chefs-d'œuvre cinématographiques, à condition de ne pas payer des super-vedettes de 5 à 20 millions de dollars par film, de ne pas faire exploser des buildings et nombre de véhicules et de ne pas investir des sommes astronomiques en effets spéciaux. Le budget de production du film *American Beauty,* qui a remporté l'Oscar du meilleur film en 2000, était d'environ 22 millions de dollars (canadiens) et il a rapporté plus d'un demi-milliard de dollars dans les salles de cinéma et les clubs vidéo.

Certains lecteurs diront sûrement: «Oui, mais Hollywood ne se laissera pas faire!» Effectivement, les premiers films de Cinémonde ne se retrouveraient probablement pas sur des milliers d'écrans de cinéma lors de leur lancement. Par contre, l'histoire démontre que les meilleures productions réussissent tout de même à se frayer un chemin. Lorsque le film *La vie est belle* de Roberto Benigni a pris l'affiche en Amérique du Nord en 1998, il était présenté dans moins de 10 cinémas. Pendant cinq mois, le nombre de salles est monté graduellement à 600, puis à plus de 1 000 salles après que Roberto Benigni eût remporté l'Oscar du meilleur acteur. Le processus de bouche à oreille est rapide entre les amateurs de cinéma, et Internet accélère de plus en plus ce processus naturel chez les humains.

Dans le monde actuel du cinéma, l'offre est bien en deçà de la demande, car les bons films sont très rares. Les amateurs de cinéma continuent de se rendre en masse au club vidéo et passent plusieurs minutes à regarder les centaines de films sur les tablettes dans l'espoir d'en trouver un qui pourrait leur plaire. Il ne manque certainement pas de place pour la nouveauté et la créativité.

Dans les négociations touchant les zones de libre-échange et la mondialisation des marchés, la protection des industries culturelles de tous les pays fait l'objet de discussions passionnées. La propagation du cinéma américain partout dans le monde est souvent présentée comme une conséquence négative et inévitable de la mondialisation. Or l'avenir n'est pas prédéfini et les amateurs de cinéma pourraient facilement prendre des mesures pour libérer le septième art du carcan commercial actuel et ainsi promouvoir la liberté d'expression et la diversité culturelle.

Chapitre 4

LA PUBLICITÉ CIBLÉE ET LE MARKETING RELATIONNEL

De nouvelles stratégies pour joindre des consommateurs plus avertis

Dans le monde actuel, les consommateurs des pays industrialisés sont continuellement bombardés de messages publicitaires. Ces publicités sont tellement omniprésentes que le cerveau humain a cessé de remarquer la majorité d'entre elles de façon consciente.

Pour vraiment constater l'ampleur de l'invasion, il suffit de se lever un bon matin et de faire l'effort de remarquer tous les messages qui nous atteignent. Premier constat : des logos de marques de commerce apposés sur de nombreux produits qui nous entourent se retrouvent constamment dans notre champ de vision.

Lors du trajet entre le domicile et le travail, les occasions se multiplient. Que ce soit en automobile, en métro ou en autobus, tenter de remarquer toutes les formes de messages commerciaux devient rapidement un exercice étourdissant. C'est sans doute pour protéger notre santé mentale que notre cerveau s'est habitué à ne pas toujours leur accorder une attention consciente. Chose certaine, à moins d'un revirement inattendu, les efforts des spécialistes en marketing et en publicité pour joindre les consommateurs de toutes les façons imaginables vont s'accentuer dans les années à venir.

Les technologies propres à la prochaine génération d'Internet permettront de **nouvelles stratégies** et des **campagnes publicitaires et promotionnelles originales** visant à toucher un nombre toujours plus important de consommateurs. Les règles du jeu seront transformées. Entre autres, par rapport au contexte d'aujourd'hui, les consommateurs pourraient accroître leur pouvoir en ayant un accès instantané à une information fiable concernant les produits et services qui leur sont offerts. Le scénario suivant décrit quelques-unes des possibilités futures.

SCÉNARIO DU FUTUR

Le point de départ : une centrale mondiale des profils de consommateurs

En 2025, Internet surclasse tous les autres médias comme véhicule publicitaire. Les nouveaux écrans, qui permettent à l'œil humain une lecture agréable, affichent des publicités en couleur aussi éclatantes que celles que l'on trouve dans les magazines imprimés et des images vidéo de qualité supérieure à celles des téléviseurs du début du siècle.

Les annonceurs préfèrent de loin Internet aux autres médias car il est possible avec lui de **faire correspondre les messages publicitaires au profil des consommateurs.** Si la personne ciblée est une jeune mère de famille, les publicités de produits pour bébé correspondent à l'âge de ses enfants. Si le consommateur visé est un homme de 25 ans, le message publicitaire pour un nouveau modèle de voiture compacte met l'accent sur la performance du moteur et les figurants sont de jeunes adultes qui ont du plaisir.

En 2025, les messages publicitaires ne sont pas nécessairement plus intelligents ni plus responsables qu'au début du siècle. Ils permettent tout simplement aux annonceurs **d'atteindre précisément** les publics cibles correspondant aux produits et services qu'ils mettent en marché. Cet aspect représente un net avantage par rapport aux médias conventionnels, d'autant plus qu'Internet permet de présenter la publicité dans la langue maternelle du consommateur même si les contenus consultés sont dans une autre langue.

La possibilité de cibler les messages publicitaires sur Internet a pris son véritable envol en 2009 avec la création d'une **centrale mondiale des profils des consommateurs.** La nécessité d'une telle organisation est devenue évidente : des centaines de sites Internet importants, comme le *New York Times* et *Le Monde,* demandaient aux internautes de fournir leur profil de consommateur de manière à ce que ces derniers puissent accéder gratuitement au contenu. Les renseignements exigés étaient généralement l'année de naissance, la profession, la catégorie de revenu familial, le pays de résidence, le code postal et des détails reliés aux passe-temps et aux préférences personnelles.

Du point de vue du public, cette exigence n'était pas pratique. Les individus devaient remplir un formulaire électronique différent pour chaque service Internet et certaines personnes se préoccupaient de l'intrusion dans leur vie privée. Pour les annonceurs, le problème résidait dans la validité des renseignements fournis par les abonnés et leur mise à jour. La centrale mondiale des profils de consommateurs a été créée précisément pour régler ces problèmes.

■ La protection de la vie privée

Le premier défi consistait à sécuriser les consommateurs relativement à une possible intrusion dans leur vie privée. Le concept global de la centrale mondiale des profils de consommateurs a donc été mis au point dès le départ en collaboration avec des agences gouvernementales responsables de la protection de la vie privée des citoyens. Au cours du processus d'inscription, un message d'accueil explique cette collaboration et contient la mention suivante : « Ce système a été conçu pour protéger votre vie privée. C'est la raison pour laquelle nous ne vous demandons pas vos nom et adresse. En fait, nous n'avons pas besoin de les connaître. Les seuls renseignements contenus dans votre profil de consommateur sont ceux que vous indiquez vous-même. Vous êtes la seule personne à avoir accès à votre dossier et à pouvoir modifier l'information qu'il contient. »

La centrale des profils de consommateurs a connu un vif succès dès son implantation, car les millions de personnes qui veulent accéder à des services d'information comme le *New York Times* et *Le Monde* doivent obligatoirement s'inscrire pour obtenir un accès gratuit au contenu. Et, du coup, cette inscription permet d'accéder sans frais à des centaines de services Internet de grande qualité sans devoir s'inscrire à plusieurs reprises.

Pour accéder à un service Internet associé à la base de données mondiale, le membre n'a qu'à indiquer son numéro de membre et son mot de passe. Le profil de consommateur « anonyme » est alors transmis au service Internet et, automatiquement, les publicités qui apparaissent à l'écran correspondent au profil de consommateur du membre. Dans ce processus, **les annonceurs n'ont jamais accès aux profils des consommateurs.**

En 2025, les annonceurs adorent ce système. Pour chacune de leurs campagnes publicitaires, ils ont accès à des rapports confirmant exactement combien de consommateurs ayant des profils particuliers ont été joints par régions ou codes postaux. Ces données précises représentent un net avantage comparativement à la télévision conventionnelle et aux journaux et magazines imprimés pour lesquels il était seulement possible d'estimer approximativement le nombre et les types de personnes touchées par les messages publicitaires.

Grâce à la publicité ciblée sur Internet, les annonceurs locaux et régionaux peuvent enfin parler à des clients potentiels à l'intérieur de services d'information nationaux et internationaux parce que le coût de la publicité est directement proportionnel au nombre de personnes jointes.

La création de la centrale mondiale des profils de consommateurs a provoqué une croissance phénoménale des revenus publicitaires sur Internet. Cette croissance exponentielle était due à la prolifération de nouveaux services Internet devenus possibles grâce aux revenus publicitaires et à l'évolution des technologies permettant la lecture sur des appareils portables ultra légers. En 2021, le *New York Times* et *Le Monde* ont tous deux publié la dernière édition imprimée de leur journal.

Les agences de publicité, de promotion et de marketing direct ont connu les années les plus dynamiques de leur histoire. De nombreuses nouvelles techniques et tactiques ont été inventées et testées. Puis une de ces idées a bouleversé le monde des aubaines.

■ La course aux aubaines sur Internet

En 2010, en collaboration avec le gouvernement de l'État de la Californie, une agence de marketing direct a lancé un nouveau service Internet de **course aux aubaines** appelé « California Weekly Specials ». Le concept a connu un succès bœuf non seulement chez les chasseurs d'aubaines, mais également au sein de la population en général. En accédant au service, les offres de réduction et de promotion présentées à l'écran s'adaptent automatiquement au profil de consommateur du visiteur. Des milliers de compagnies californiennes s'associent à ce service qui leur permet d'offrir des primes et des prix spéciaux à des catégories de consommateurs bien définies, habitant des régions et des quartiers précis.

Le système permet aux petites boutiques spécialisées d'offrir des soldes à des consommateurs ciblés habitant dans un rayon de quelques kilomètres de leurs commerces. Puisque le coût des espaces promotionnels du « California Weekly Specials » est très abordable, les petits commerçants locaux peuvent concurrencer les grands détaillants sur le même terrain.

À l'origine, le gouvernement de la Californie a participé financièrement au lancement du service dans le but d'encourager la population à acheter des produits et services locaux. Mais le système a connu un tel succès que les fondateurs ont rapidement appliqué le concept dans d'autres États américains. Puis, dès 2011, des services similaires ont vu le jour dans tous les pays industrialisés. Plus tard, la majorité d'entre eux se sont regroupés et seuls les plus populaires ont survécu. Dans tous les cas, les commerces locaux occupent une place de choix, car ce sont ces derniers qui ont le plus d'attrait pour les consommateurs.

En 2025, ce modèle de service est similaire dans toutes les régions du monde et la plupart sont reliés à la centrale mondiale des profils de consommateurs. Les consommateurs peuvent accéder aux offres promotionnelles de multiples façons, soit pour des offres spéciales présentées dans leur région, soit pour des soldes proposés dans le monde entier.

L'image 3D sert à la vente de multiples produits sur mesure. Entre autres, cette caractéristique d'Internet nouvelle génération permet de reproduire les dimensions exactes du corps des consommateurs. Une définition impressionnante de l'image permet aux consommateurs de se regarder portant différents vêtements. Des couturiers asiatiques font des affaires d'or en vendant de superbes vêtements de soie conçus sur mesure pour des hommes d'affaires de partout sur la planète.

Même les intellectuels qui, au départ, dénonçaient la nature hyper commerciale de ce type de service ont graduellement modifié leur position. Au cours des ans, le système est devenu tellement sophistiqué que même les puristes ne pouvaient pas résister aux offres qui correspondaient véritablement à leurs goûts et intérêts personnels.

La renaissance des services d'infoconsommation

Parallèlement à l'évolution de la publicité et du marketing sur Internet, les services d'information aux consommateurs ont connu une croissance exponentielle. En 2025, l'organisation d'origine américaine Consumer Reports est le service d'infoconsommation le plus populaire du monde. En effet, des centaines de millions de consommateurs ont pris l'habitude de consulter ses analyses et ses recommandations avant d'effectuer leurs achats importants.

En 2025, le magasinage est encore l'un des passe-temps favoris du public et la grande majorité des gens préfèrent encore voir et toucher les produits avant de les acheter. La nouveauté, c'est que les consommateurs utilisent régulièrement au magasin leurs mini-ordinateurs portatifs pour consulter les services d'infoconsommation.

Par exemple, devant la section des aspirateurs ou des rasoirs électriques, les consommateurs accèdent aux services Internet de type Consumer Reports et paient la modique somme de 75 cents pour avoir le droit de consulter les sections de renseignements touchant spécifiquement ce genre d'appareil.

Les micropaiements et la possibilité d'avoir accès à l'information au point de vente a fait exploser les revenus de Consumer Reports. La section spéciale consacrée à la course aux aubaines du style de California Weekly Specials a également contribué à l'essor de l'organisation en attirant des millions de nouveaux membres à l'échelle mondiale. En effet, pour presque tous les produits offerts en promotion, les consommateurs ont directement accès à des renseignements concernant la qualité, la durabilité, la valeur réelle et la performance des produits, ainsi que des rapports de satisfaction des consommateurs qui les ont achetés ou consommés. Le public apprécie d'autant plus ce type de renseignements dans le cas des infocommerciaux vidéo qu'il peut avoir l'heure juste sur les produits présentés, lesquels semblent toujours miraculeux.

Au cours des années, les spécialistes du Consumer Reports, en collaboration avec des experts en sondage, ont mis au point et perfectionné de nouvelles méthodes de consultation auprès des consommateurs. Ces techniques ont engendré la création de sondages permettant d'évaluer sur Internet le « degré de satisfaction des consommateurs », sondages qui sont les plus précis et les plus fiables de l'histoire.

Le succès mondial de l'organisme sans but lucratif Consumer Reports et d'autres organismes semblables a eu des répercussions importantes sur l'industrie des ventes au détail. Par exemple, en 2012, un nouveau fabricant de souliers de course a fait reposer son plan d'affaires et sa stratégie de mise en marché sur la crédibilité des services d'infoconsommation. Il a décidé de ne pas adopter la stratégie marketing des grandes marques de commerce et de ne pas dépenser des millions de dollars en publicité ni en commandites de vedettes du sport. Toute l'énergie de la société est concentrée sur la production de chaussures d'excellente qualité à un prix nettement inférieur à celui de ses concurrents.

Puisque la majorité des consommateurs, et surtout les parents, consultent les rapports d'infoconsommation, le fabricant s'est accaparé une part respectable du marché mondial. Une portion significative du succès de l'entreprise est liée aux sondages de satisfaction des clients. En plus de confirmer la très grande satisfaction des consommateurs, les sondages révèlent que de nombreux acheteurs choisissent la marque en question en raison des politiques sociales de l'entreprise. En effet, ce fabricant se classe premier au monde dans son industrie en ce qui a trait à la protection de l'environnement et aux conditions de travail accordées à ses employés et à ses fournisseurs.

Le succès mondial de ce fabricant de chaussures a inspiré plusieurs entrepreneurs et groupes de coopératives. À compter de 2012, des centaines de nouvelles coopératives d'achat basées sur Internet ont été créées un peu partout dans le monde. De nombreux regroupements de coopératives ont suivi et ceux-ci sont rapidement devenus une force économique remarquable. En 2025, la valeur totale des achats effectués par les membres des coopératives d'Internet est plus élevée que les revenus annuels de la plus grande entreprise du monde.

■ La popularité croissante du marketing relationnel

En 2025, les écoles d'administration consacrent une part importante de leur enseignement au marketing relationnel, soit l'art de conserver de bonnes relations avec les clients pour gagner leur fidélité et ainsi augmenter les ventes à long terme. Même les gouvernements ont adopté les principes de base du marketing relationnel pour améliorer la qualité et surtout l'efficacité des services publics aux citoyens, organismes et entreprises.

Cette tendance vers le marketing relationnel est une conséquence directe de l'évolution de la qualité des bases de données contenant les dossiers des clients et des citoyens. En 2025, des lois de plus en plus sévères, améliorées au fil des ans, obligent les compagnies et les organismes publics à protéger les renseignements personnels qu'elles détiennent sur les individus. L'échange de renseignements personnels concernant les clients est formellement interdit entre les sociétés privées, à l'exception de quelques rares secteurs comme les dossiers de crédit et de conduite automobile. Lorsque de tels échanges existent, le client doit obligatoirement détenir un accès gratuit et facile au contenu de son dossier par Internet, et avoir la possibilité de contester immédiatement la validité des renseignements en discutant avec des préposés-conciliateurs indépendants.

Dans le secteur public, des règles strictes régissent la gestion des dossiers des citoyens, d'autant plus que chaque habitant des pays industrialisés détient une carte unique de citoyen. En vertu d'une loi internationale sanctionnée par les Nations Unies en 2010, tous les individus ont le droit fondamental d'avoir accès à leur dossier personnel dans toutes les organisations privées et publiques. Les seules exceptions touchent certains dossiers compilés par des organismes responsables de la protection civile.

Ces lois sévères et l'évolution des technologies d'Internet ont considérablement amélioré la qualité des services à la clientèle tant dans le secteur privé que public. Par exemple, lorsqu'un client communique avec un préposé au service à la clientèle d'une institution financière pour obtenir un prêt personnel, il voit clairement l'image vidéo du préposé sur son écran. Lorsque le préposé présente au client un formulaire électronique à remplir, ce dernier contient déjà de nombreux renseignements, soit son nom, son adresse, son employeur, les prêts existants et d'autres renseignements que l'institution détient déjà à son sujet. Le client vérifie l'exactitude de l'information déjà inscrite, remplit le reste du formulaire et effectue une signature électronique. Le processus complet ne requiert pas de papier.

En 2025, les techniques de marketing relationnel sont mises en application dans toutes les entreprises qui vendent des produits et services nécessitant un suivi et des échanges avec leurs clients. Dans le cas de l'achat d'un appareil électroménager comme un lave-vaisselle, le fichier du client contient l'information concernant la garantie du fabricant et le détail de toutes les réparations effectuées sur l'appareil au fil des ans. Un système mondial de gestion des réparations enregistre et analyse les bris et les réparations effectuées sur les millions d'appareils du même modèle. Ces renseignements sont analysés, et le manuel d'instructions multimédia contenant des segments vidéo et des illustrations est régulièrement mis à jour.

Grâce à Internet, les réparateurs agréés de partout dans le monde utilisent leur ordinateur portatif pour accéder à l'historique de l'appareil défectueux, au manuel d'instructions multimédia et à un système d'aide à la décision conçu sur mesure pour leurs besoins. En conséquence, la satisfaction des clients pour le service après-vente et le travail des réparateurs est nettement supérieure en 2025 à ce qu'elle était au début du siècle.

◼ Les consommateurs bloquent l'accès à leur courrier électronique

L'apprentissage des techniques de marketing relationnel ne s'est pas déroulé sans accroc au fil des ans. L'évolution rapide des technologies d'Internet a engendré un accroissement abominable des courriels expédiés. Des millions de compagnies se partageaient des listes contenant les adresses électroniques de millions de consommateurs du monde entier.

En 2005, un organisme international indépendant appelé Bozo a été créé pour mettre fin à cette épidémie. L'organisme sans but lucratif a été créé par un regroupement des associations de marketing relationnel et de marketing direct dans le but d'inventer des méthodes permettant aux individus de filtrer efficacement les courriers électroniques de nature commerciale. Les fondateurs ont reçu une subvention substantielle de la part d'une fondation privée.

Les recherches et les recommandations de l'organisation ont porté fruit. En 2007, une nouvelle convention internationale a été adoptée; celle-ci permet de distinguer automatiquement les adresses électroniques commerciales des adresses personnelles. Toutes les organisations privées et publiques qui veulent envoyer des courriers électroniques à des individus doivent obligatoirement utiliser une adresse Internet de type commercial.

Depuis 2009, les nouvelles versions de logiciels de courrier électronique permettent de distinguer illico les courriels personnels des courriels de nature commerciale. La section commerciale divise automatiquement les différents types d'envois commerciaux tels que les factures, les offres promotionnelles et les avis de renouvellement. Ces même logiciels incluent des systèmes de filtration de courriels efficaces qui profitent pleinement des caractéristiques du protocole d'adresses électroniques commerciales. À partir d'un courriel, une fonction à l'écran permet à l'usager d'annuler l'accès d'une organisation à sa boîte de courrier électronique.

La conséquence directe de ces mesures internationales a été une amélioration appréciable de la qualité et de l'intelligence des messages commerciaux expédiés aux individus. Au début du siècle, une pratique courante pour les organisations consistait à obtenir la permission des individus avant de leur expédier des courriers électroniques de nature commerciale. En 2025, cette pratique est presque devenue une obligation. Les consommateurs n'acceptent pas d'être sollicités par n'importe quelle organisation.

En 2025, l'envoi de courrier électronique aux clients doit faire partie intégrante d'une stratégie de marketing relationnel bien définie. Tout courriel expédié à un client doit nécessairement être pertinent et constituer un intérêt personnel pour ce dernier. Sinon, le client va tout simplement mettre en opération la fonction de filtrage et fermer ainsi la porte aux futurs messages de l'organisation.

DE RETOUR AU CONTEXTE D'AUJOURD'HUI

L'évolution nécessaire de la publicité ciblée et du marketing relationnel

Toutes les organisations qui veulent offrir au public un contenu de qualité sur Internet font face au même défi : trouver des sources de financement. Dans le contexte actuel, les revenus publicitaires sur Internet sont insuffisants pour permettre à la plupart des producteurs de contenus de couvrir leurs frais de fonctionnement. Sans l'existence du format imprimé, les versions Internet des grands journaux et magazines d'aujourd'hui ne pourraient pas subsister.

La technologie actuelle d'Internet permet la création immédiate d'une centrale mondiale des profils de consommateurs et de faire en sorte que la publicité qui apparaît à l'écran corresponde au profil de chaque personne. Au départ, pour sécuriser les gens, la centrale pourrait donner la possibilité aux nouveaux inscrits d'indiquer seulement leur sexe, leur âge et le code postal de leur résidence, et ce, en toute confidentialité, sans fournir leur nom ni leur adresse.

Pour les annonceurs, même ce minimum d'information au sujet des consommateurs serait révolutionnaire, car cela serait déjà beaucoup plus précis que toutes les autres formes de publicité de masse existantes. Une centrale mondiale des profils de consommateurs pourrait potentiellement générer les milliards de dollars de revenus publicitaires nécessaires pour multiplier les sources de contenus pertinents – et moins pertinents – sur Internet.

En 2003, la technologie d'Internet permet également aux entreprises de développer des stratégies de marketing relationnel beaucoup plus efficaces. Actuellement, trop d'organisations continuent de dépenser des millions de dollars en publicité conventionnelle sans investir suffisamment dans le développement de solides relations avec leurs clients existants.

Dans le domaine financier, par exemple, les services bancaires sur Internet ont beaucoup évolué en offrant la possibilité d'effectuer des transactions électroniques. Cependant, la stratégie de marketing relationnel de ces entreprises sur Internet se montre très limitée. Lorsque les clients accèdent à leurs comptes bancaires, ils sont évidemment identifiés par le système. Chaque visite est une occasion d'attirer l'attention de ce client sur un produit ou un service correspondant à son profil. Or, jusqu'à maintenant, ces institutions profitent très peu, sinon pas du tout, de ces occasions en or de communiquer avec leurs clients sur une base personnelle.

Cette absence de l'utilisation intelligente du marketing relationnel par Internet s'explique facilement. Pour le moment, la prudence est de rigueur. Les spécialistes en marketing d'aujourd'hui ont reçu très peu de formation en communication et en marketing interactifs, sinon aucune. La période d'apprentissage, de tests et d'adaptation durera plusieurs années.

En 2003, ce sont les spécialistes en marketing direct et en marketing relationnel qui sont les mieux équipés pour relever le défi du marketing interactif sur Internet. Ils ont l'habitude de segmenter les clients en groupes et en sous-groupes, de se préoccuper des clients sur une base individuelle, et d'adapter leurs communications en conséquence.

Les grandes universités et les écoles des hautes études commerciales commencent à peine à offrir des cours en marketing relationnel relié à Internet, et elles ont de la difficulté à recruter des professeurs ayant de l'expérience et de solides connaissances dans ce domaine. L'évolution de l'enseignement des communications interactives et du marketing interactif en général s'échelonnera sur plusieurs années.

Entre-temps, nous devons demeurer très vigilants. Nous devons améliorer dès maintenant les mesures et les lois de protection de la vie privée et des droits des consommateurs et des citoyens sur Internet. Nous devons mettre en place des mesures pour surveiller de près l'évolution des nouvelles stratégies de vente et de marketing interactives pour faire évoluer les lois dans un but préventif. La prochaine génération d'Internet sera un festin pour la créativité des futurs spécialistes en marketing.

Nous ne pouvons qu'espérer que la prochaine génération d'Internet accroîtra le pouvoir des consommateurs en leur fournissant des renseignements utiles pour se défendre contre la croissance inévitable du nombre de publicités et de stratégies de vente intelligentes, ou moins intelligentes, et malheureusement trop souvent trompeuses.

Chapitre 5

LE CITOYEN GLOBAL

Un service de nouvelles multimédia
véritablement international

L'existence de journalistes perspicaces, qui cherchent constamment à vérifier les faits et à découvrir la vérité, est essentielle au bon fonctionnement de nos démocraties. Or, au début du XXIe siècle, la plupart des journalistes n'ont ni le temps ni le soutien financier et humain pour accomplir ce travail aussi bien qu'ils le voudraient ou le pourraient.

Que ce soit à la télévision ou dans les journaux, l'information journalistique d'aujourd'hui est produite rapidement en vue d'être consommée le jour même. Le lendemain, on passe à autre chose et les reportages d'hier sont relégués aux oubliettes. C'est une industrie similaire à celle du fast-food. La rapidité d'exécution et la recherche du coût minimum de production limitent de toute évidence la qualité du produit final. Le traitement et la profondeur de l'analyse et de la recherche en sont affectés.

À la télévision, le rythme des reportages s'est accéléré au cours des années ; aujourd'hui, les montages rapides contiennent des segments d'interviews qui durent rarement plus de 10 secondes, particulièrement en Amérique du Nord. Cette augmentation de la cadence est une conséquence directe de l'invention de la télécommande et de la multiplication des chaînes de télévision. Les producteurs des bulletins de nouvelles tentent constamment d'attirer l'attention des téléspectateurs pour éviter que ces derniers changent de chaîne. Étant donné que tous les réseaux de télévision cherchent à obtenir les meilleures cotes d'écoute, même les chaînes de télévision publiques se font prendre au jeu.

Du côté des journaux imprimés, le coût élevé du papier, de l'impression et de la distribution a pour effet de limiter le budget d'exploitation des salles de rédaction. Les journalistes de la presse écrite travaillent le plus souvent en solo pour effectuer la recherche et la rédaction de leurs reportages. Seuls, à la course et en une seule journée, ils ne peuvent pas toujours vérifier les faits aussi efficacement qu'ils le feraient s'ils avaient une équipe pour les soutenir.

Dans le contexte actuel, les réseaux de télévision et les journaux en général accordent des budgets extrêmement limités à la couverture des nouvelles internationales. Les correspondants internationaux se font de plus en plus rares. À l'occasion de conflits et d'événements d'envergure, les reporters parachutés sur place ont trop souvent des connaissances limitées de l'histoire et de la culture des peuples impliqués.

Les informations quotidiennes de la télévision et des journaux exercent une influence importante sur la vision du monde et les opinions des citoyens. Lorsque les reportages présentés au public sont superficiels, la démocratie en souffre.

Dans une ou deux décennies, les possibilités multimédias d'Internet pourraient permettre la naissance d'une nouvelle génération de services d'information moins limitatifs. Les journalistes de l'avenir pourraient avoir la chance d'accomplir leur travail mieux que jamais, en particulier s'ils travaillent pour *Le citoyen global*.

SCÉNARIO DU FUTUR

Le citoyen global : le droit du public de savoir

En 2025, certains grands journaux du XXe siècle comme le *New York Times* et *Le Monde* ont survécu, mais ils n'existent plus en format imprimé. Les livres électroniques portatifs sans fil reliés à Internet à très grande vitesse ont transformé l'industrie du journalisme en permettant de regrouper l'informations textuelle et les segments vidéo sous la forme de bulletins de nouvelles multimédias.

Ces appareils légers et ultra minces se plient en deux comme un livre, et la dimension de l'écran est similaire à celle d'une page de journal de format tabloïd. La définition du texte et des images à l'écran est supérieure à celle des journaux imprimés et ne fatigue pas plus l'œil humain que la lecture sur papier journal. La qualité des images vidéo est meilleure que celle des téléviseurs du début du siècle. Le coût moyen d'un support électronique portable est inférieur à 200 $. Tous les étudiants et la presque totalité des adultes des pays industrialisés possèdent leur propre appareil.

Les gens préfèrent les bulletins de nouvelles multimédias aux anciens journaux imprimés et aux nouvelles télévisées, car ils sont en mesure de contrôler leur accès au contenu. Ils sélectionnent eux-mêmes les reportages et peuvent y consacrer quelques secondes ou quelques minutes, selon leur degré d'intérêt. Les reportages multimédias contiennent le plus souvent un résumé vidéo d'une trentaine de secondes et une variété d'options en format texte et vidéo. Les interviews plus importantes sont souvent présentées en entier. Un écran vidéo occupe seulement une partie de l'écran et une liste des questions de l'entrevue permet à l'usager de sauter directement d'une section à l'autre et de contrôler l'image à différentes vitesses.

En 2025, le service des nouvelles multimédias le plus respecté de la planète est *Le citoyen global*. Plus de 250 millions de personnes dans le monde accèdent régulièrement à ce service de nouvelles qui se distingue des autres.

L'idée de créer *Le citoyen global* appartient à un groupe de journalistes américains qui considéraient que les grands conglomérats du monde des communications n'accordaient pas assez d'importance **au rôle social** du journalisme à l'intérieur des démocraties. Particulièrement dans le domaine de la télévision, ces journalistes affirmaient, avec preuves à l'appui, que certains dirigeants les obligeaient à adopter un style de présentation qui appartient davantage au monde du divertissement qu'à celui de l'information journalistique[8].

Au départ, ce groupe de journalistes américains a travaillé en collaboration avec les représentants d'une importante organisation de protection des intérêts du public. Ensemble, ils ont défini les balises d'un service de nouvelles idéal qu'ils ont baptisé *The Global Citizen : The Public's Right To Know* (ou *Le citoyen global : le droit du public de savoir*).

Les fondateurs ont conclu que *Le citoyen global* ne devrait pas être une société soumise aux lois du marché boursier. Ils voulaient éviter à tout prix d'être dirigés par un conseil d'administration obsédé par la recherche du profit maximum et la fluctuation de la valeur des actions. Les fondateurs ont donc décidé que *Le citoyen global* serait une organisation coopérative à but non lucratif appartenant à ses membres. Puisque les compagnies multinationales jouent un rôle prédominant à l'ère de la mondialisation des marchés, les fondateurs trouvaient important que l'organisation du *Citoyen global* ne soit pas elle-même un joueur de l'équipe dominante. Le but ultime : conserver une certaine neutralité.

L'idée a fait boule de neige. Le travail des Américains a rapidement attiré l'attention de journalistes du monde entier qui rêvaient eux aussi de travailler au sein d'une organisation dont la seule et unique raison d'être est la recherche constante des faits et de la vérité. Un ancien président des États-Unis et un ancien secrétaire général des Nations Unies se sont joints à l'organisation. Leur implication a inspiré un multimilliardaire américain ayant fait fortune grâce à Internet à faire un don sous la forme d'un prêt sans intérêt d'un milliard de dollars pour permettre de lancer officiellement *Le citoyen global*.

▨ L'acceptation ou non de revenus publicitaires

Les fondateurs parvenaient à établir des consensus assez facilement sur presque tous les points, mais les revenus publicitaires faisaient l'objet d'une vive controverse. Certains affirmaient qu'il était impossible d'accepter les revenus publicitaires et de prétendre que cela n'affecterait pas le contenu des reportages.

Par exemple, ils estimaient qu'un reportage international traitant des répercussions de l'industrie du fast-food sur la santé des humains, l'agriculture, les abattoirs, les conditions de travail des travailleurs et d'autres aspects connexes ne feraient pas du tout l'affaire des grandes chaînes de cette industrie qui dépensent des milliards en publicité. Les autres croyaient au contraire qu'il était possible de produire de tels reportages à condition qu'ils présentent véritablement les faits et la vérité, sans rechercher le sensationnalisme, et que, de toute façon, *Le citoyen global* avait absolument besoin de revenus publicitaires pour avoir les moyens financiers d'accomplir sa mission.

Depuis l'apparition de la centrale mondiale des profils de consommateurs (voir chapitre 4), les services de nouvelles multimédias sur

Internet étaient presque tous gratuits. La possibilité de faire correspondre les publicités au profil du consommateur qui regarde l'écran rapportait des milliards de dollars en revenus publicitaires aux services de nouvelles multimédias déjà existants.

L'information journalistique multimédia sur Internet est devenue un business extrêmement profitable ; en effet, plus les gens consultent les reportages longtemps, plus ils voient de messages publicitaires différents. Puisque les documents textuels et les segments vidéo n'occupent pas l'écran au complet, les publicités les entourant peuvent être interchangées en tout temps, même pendant que la personne lit un texte ou regarde un extrait vidéo. Ces possibilités technologiques ont conquis le cœur des annonceurs, qui préfèrent de loin ces publicités ciblées à celles des journaux imprimés et de la télévision.

Après de longues discussions et l'analyse de différents scénarios, les fondateurs ont convenu que les revenus publicitaires permettraient de payer de bons salaires à un plus grand nombre d'excellents journalistes et de recherchistes partout dans le monde. Le compromis a pris la forme d'un principe fondamental de l'organisation appelé *The Wall* (*Le mur*). Ce règlement stipule qu'**un mur infranchissable sépare la salle des nouvelles des annonceurs.** Ces deux mondes doivent demeurer parfaitement indépendants. Les reportages de type « publicitaire » sont formellement proscrits. En aucun cas et sous aucune considération la direction ne permettra à des annonceurs d'avoir une influence quelconque sur le contenu journalistique. Ce principe fondamental est inscrit sur un véritable mur sculpté, érigé dans toutes les salles de nouvelles du *Citoyen global* sur la planète.

Depuis son lancement, *Le citoyen global* est relié à la base de données de la centrale mondiale des profils de consommateurs qui permet aux individus de conserver leur anonymat. Pour accéder gratuitement au contenu du *Citoyen global,* les gens doivent tout simplement s'inscrire dans la centrale mondiale.

Un segment vidéo sympathique invite les nouveaux visiteurs à devenir des membres de la coopérative *Le citoyen global* pour soutenir le travail quotidien des « protecteurs de la démocratie ». En 2025, plus de 30 millions de personnes sont membres de la coop, non seulement pour encourager les efforts de l'organisation, mais également pour obtenir des rabais substantiels pour d'excellents documents multimédias recommandés par *Le citoyen global* et l'accès gratuit et illimité à la section spéciale « Les cultures du monde ». En 2025, les contributions annuelles de 10 $ et plus des membres de même que des dons importants effectués par quelques fondations privées rapportent à l'organisation près d'un demi-milliard de dollars par année. De son côté, la publicité rapporte plus de 5 milliards de dollars annuellement.

Des reportages internationaux exceptionnels

En 2025, *Le citoyen global* est une organisation mondiale et multiculturelle en pleine expansion. Pour le moment, des bulletins d'information locaux, régionaux et nationaux sont produits à l'intérieur de seulement 22 des principaux pays industrialisés, mais l'objectif ultime de l'organisation est de s'établir dans toutes les nations du monde avant la fin du siècle. Chacun des 22 pays possède sa propre organisation et son propre bureau de direction afin d'éviter que *Le citoyen global* soit le reflet d'une culture prédominante, en particulier celle des États-Unis. L'objectif des fondateurs a toujours été de permettre aux citoyens de tous les pays d'avoir accès aux reportages et aux points de vue des journalistes des autres pays du monde.

Les équipes de reportages attitrées aux informations internationales travaillent pour l'ensemble de l'organisation du *Citoyen global* et non pas pour une division rattachée à un pays en particulier. Des équipes de production internationales du *Citoyen global* sont présentes dans plus de 75 pays. Ces équipes ne produisent pas seulement des reportages en période de crise ou de catastrophe ; elles réalisent régulièrement des documentaires multimédias qui permettent aux citoyens du monde entier de mieux connaître et comprendre les cultures étrangères.

Ces réalisations sont rassemblées dans une section spéciale appelée « Les cultures du monde », sous le thème « Développons notre conscience globale en découvrant chaque jour de nouvelles cultures, de nouvelles coutumes ». Les membres du *Citoyen global* ont un accès gratuit et illimité à l'ensemble de cette section. Les non-membres doivent payer de 1 $ à 2 $ pour accéder à une section touchant un pays ou une région en particulier. L'accès est gratuit dans toutes les écoles primaires et secondaires, et les enseignants vantent continuellement la qualité exceptionnelle et l'approche humaine unique de ces documentaires.

Le développement des reportages-documentaires sur les différentes cultures du monde vise trois objectifs :

1. Développer les connaissances des journalistes internationaux du *Citoyen global* avant que des événements majeurs surviennent dans ces pays.

2. Avoir en banque du matériel de référence lorsque de tels événements surviennent. Par exemple, si une inondation fait des ravages dans un pays africain, le reportage multimédia du *Citoyen global* ne contiendra pas seulement des images de la catastrophe écologique, mais également des liens vers des reportages qui permettent aux citoyens du reste du monde de situer l'endroit géographiquement et de mieux comprendre le contexte de la vie sociale, politique et économique du pays.

3. Avoir accès à des journalistes qui connaissent bien les différentes cultures pour la réalisation de grands reportages d'enquête sur

des sujets d'envergure mondiale. Les « Enquêtes internationales » du *Citoyen global* ont connu un succès phénoménal.

La première enquête a porté sur la famine dans le monde, mettant l'accent sur les solutions efficaces et moins efficaces des organismes d'aide humanitaire au cours des dernières décennies. Les interviews avec des groupes d'experts qui proposent des solutions concrètes pour éliminer en moins de 10 ans la famine sur la planète étaient soutenues par les images de petites communautés qui ont déjà mis en application certaines de ces mesures avec succès. Des liens étaient établis entre les déficits budgétaires de plusieurs pays pauvres et les sommes astronomiques accordées à l'armement et à d'autres dé-penses scandaleuses plutôt qu'aux programmes sociaux essentiels.

Les révélations du reportage ont profondément marqué plusieurs citoyens du monde entier, et des millions d'entre eux ont envoyé un courriel à leurs amis et connaissances pour attirer leur attention sur ce contenu multimédia. Au cours des semaines qui ont suivi, le nombre de personnes qui ont consulté régulièrement *Le citoyen global* a connu une forte croissance.

Les enquêtes internationales subséquentes, portant sur des thèmes comme la pollution, la prostitution et le marché des armes de guerre, ont connu un succès similaire et ont solidement établi la réputation du *Citoyen global* comme leader dans le monde de l'in-formation. Une fois lancées, les grandes enquêtes deviennent des références mondiales permanentes, car un budget est octroyé chaque année pour leur mise à jour.

■ Des contenus internationaux adaptés aux régions

Bien qu'elles soient internationales, les grandes enquêtes du *Citoyen global* sont adaptées aux publics des différents pays. Par exemple, dans le reportage sur la prostitution, un citoyen allemand a accès à un document multimédia préparé dans sa langue maternelle qui expose particulièrement bien le cas de son pays par rapport au reste du monde.

Les tests effectués auprès du public confirment que l'adaptation régionale des documents de nature internationale augmente le niveau d'intérêt des gens et le nombres de minutes qu'ils accordent à la consultation des différentes sections du reportage multimédia. Ces mêmes recherches confirment que les segments vidéo sont assurément le format favori des différents publics. En général, les gens visionnent d'abord les segments vidéo et consultent parfois les documents textuels qui font partie intégrante du reportage multimédia.

D'ailleurs, lorsque les gens visionnent les reportages du *Citoyen global* sur l'écran géant de leur télévision numérique, ils peuvent contrôler à distance les reportages de leur choix et ils accordent automatiquement plus d'attention aux contenus vidéo qu'aux textes. Les segments vidéo n'occupent pas l'écran au complet et les bandes publicitaires qui apparaissent à l'écran rapportent des sommes significatives en revenus publicitaires.

Les professionnels des équipes de production multimédia du *Citoyen global* reçoivent une solide formation sur l'art de réaliser des reportages faciles à comprendre malgré la complexité des sujets. Les recherchistes et les journalistes du *Citoyen global* ont le temps et les budgets nécessaires pour effectuer des recherches approfondies et interviewer des experts de partout. Les longs textes sont rarement utilisés, les idées étant le plus possible résumées. Les images vidéo et les photographies sont prises par des professionnels, au talent comparable à celui des artistes qui préparent les reportages du *National Geographic*. L'aspect humain est toujours de rigueur.

Avant d'être publié, le montage final d'un grand reportage multimédia est testé auprès de représentants du public et auprès d'une variété d'experts sur ce sujet. Des ajustements sont apportés avant le lancement et des avocats du *Citoyen global*, spécialisés en communication journalistique, approuvent ensuite le contenu. Puisque les enquêtes internationales du *Citoyen global* révèlent régulièrement des pratiques condamnables de certains gouvernements et de grandes organisations, il faut absolument que les faits énoncés soient authentiques et soutenus par des preuves tangibles. Ce professionnalisme, cette recherche constante des faits et de la vérité, permet à l'organisation du *Citoyen global* de gagner à la fois le respect du public et celui des annonceurs.

La diversité des points de vue et des opinions occupe toujours une place primordiale à l'intérieur des reportages. Les gens répètent souvent que chaque fois qu'ils consultent le *Citoyen global,* ils apprennent de nouvelles choses.

■ Les chiens de garde dans les corridors du pouvoir politique

Certains des fondateurs du *Citoyen global* sont des correspondants qui ont eu à couvrir les actualités politiques nationales à Washington ou les activités régionales dans différents États américains. Ces journalistes affirmaient qu'au début du siècle il leur était impossible d'effectuer un excellent travail avec si peu de ressources à leur disposition. Avec des centaines de projets de loi en cours dans les services et ministères, il était extrêmement difficile pour eux d'aller au fond des choses. De nombreux projets de loi d'une grande importance pour le public n'étaient pas couverts, ou pas suffisamment.

Les fondateurs ont déterminé que les journalistes du *Citoyen global* spécialisés en affaires publiques ne seraient pas à la merci des agendas des politiciens et ne se limiteraient pas à réagir à leurs priorités ; qu'ils n'attendraient pas que des scandales éclatent au grand jour pour informer le public ; qu'ils ne seraient ni de gauche ni de droite, et tenteraient tout simplement de satisfaire le droit du public de savoir.

Une stratégie de collaboration a été préparée sur mesure pour la couverture et l'analyse des activités des gouvernements du monde. Tous les journalistes et recherchistes du *Citoyen global* assignés au secteur de l'information politique partagent et alimentent la même base de connaissances et de sources d'information et de contacts. Dans certains cas, des sources d'information et des contacts privilégiés ne peuvent pas être partagés pour diverses raisons, mais dans tous les autres cas, les journalistes et les recherchistes du *Citoyen global* appliquent la politique de partage de l'information de l'organisation.

Grâce à cette base de connaissances, les journalistes du *Citoyen global* sont en mesure de produire des bulletins de nouvelles régionaux qui ont une perspective internationale. Par exemple, lorsqu'un gouvernement régional propose une nouvelle réglementation en matière de recyclage de déchets domestiques, les reportages multimédias du *Citoyen global* contiennent des renseignements extrêmement intéressants. En plus d'avoir accès à des reportages vidéo et textuels touchant les pour et les contre de la proposition de leur gouvernement régional, les gens ont accès à des segments d'information concernant les méthodes de recyclage les plus efficaces dans le monde, et sur les succès et les échecs d'autres gouvernements.

Cette collaboration en journalisme politique est particulièrement utile à l'intérieur même des pays. Les gouvernements des États et des provinces mettent souvent en œuvre des lois similaires à des périodes différentes. Les mêmes groupes d'intérêt pratiquent des activités de lobbying auprès des politiciens des différents États et provinces et présentent les mêmes types d'arguments. La centrale des connaissances et le travail de collaboration entre les équipes du

Citoyen global donnent accès à des résultats de recherches, à des analyses, à des interviews ainsi qu'à des contacts qui permettent aux journalistes de comprendre beaucoup plus rapidement les enjeux et les stratégies des groupes de pression. Lorsque des projets de loi semblent avantager des organisations et des industries au détriment des intérêts du public, les journalistes du *Citoyen global* font tout en leur pouvoir pour faire respecter le « droit du public de savoir ».

Au fil des ans, la collaboration internationale facilitée grâce à la base de connaissances a fait en sorte que les journalistes du *Citoyen global* sont devenus de loin les mieux équipés pour poser les bonnes questions aux politiciens. En 2025, *Le citoyen global* accomplit un travail si impressionnant dans le secteur public que certains dossiers sont devenus des priorités gouvernementales en raison des retards mis en évidence. Dans certains cas, des hauts fonctionnaires demandent même d'avoir accès aux recherches du *Citoyen global* pour mieux comprendre les retards et ainsi accélérer leur travail de récupération.

■ La personnalisation de l'information

L'organisation du *Citoyen global* se préoccupe constamment de l'appréciation de ses reportages par le public. Les technologies d'Internet lui permettent d'obtenir des statistiques indiquant exactement combien de personnes accèdent aux différentes parties de tous les reportages. Il est même possible de savoir quelles équipes de reportages et quels journalistes en particulier connaissent le plus de succès auprès du public. De plus, des spécialistes du secteur de l'information effectuent régulièrement des sondages auprès de citoyens pour connaître leur appréciation et leurs façons d'accéder au contenu, ceci dans le but d'apporter des améliorations.

Ces sondages confirment que l'une des options les plus appréciées par les habitués du *Citoyen Global* est la possibilité de personnaliser le service. En accédant à la page d'accueil, les informations locales, régionales, nationales et internationales s'ajustent instantanément en fonction des intérêts et des besoins personnels de l'individu.

La section la plus populaire chez les usagers est celle des « 10 reportages du monde qui ont le plus de chances de vous intéresser ». Cette liste personnalisée est créée automatiquement en fonction des données contenues dans le système d'enregistrement des appréciations des utilisateurs. En 2025, les gens ont l'habitude d'enregistrer leurs préférences personnelles sur l'Internet, en particulier lorsqu'ils trouvent exceptionnels ou médiocres certains contenus.

Dans le cas du *Citoyen global,* une fonction de feed-back contextuel est toujours présente à l'écran dans le but de permettre à l'internaute d'enregistrer rapidement son appréciation personnelle au sujet du reportage en cours. Indiquer une appréciation personnelle demande seulement deux secondes ; la personne n'a qu'à toucher le mot « exceptionnel » à l'écran et ensuite le mot « oui » pour confirmer son choix afin d'éviter les erreurs.

Le système d'intelligence artificielle du *Citoyen global* analyse continuellement les appréciations enregistrées par ses visiteurs, et effectue des comparaisons entre les appréciations et les profils des millions d'utilisateurs. Le système décèle automatiquement, et avec une précision renversante, les reportages qui ont le plus de chances d'intéresser chaque individu.

De plus, chaque personne peut compléter son profil personnel et indiquer ses préférences et ses intérêts particuliers. Ces indications peuvent être extrêmement précises, comme « Les découvertes relatives à la maladie de Parkinson » ou « Les décisions politiques des différents pays reliées à la pollution de l'atmosphère ». Des millions d'immigrants utilisent ces fonctions pour obtenir de l'information provenant de leur pays d'origine.

Le processus d'enregistrement des préférences personnelles est parfaitement anonyme. Lorsque les gens accèdent au *Citoyen global,* le système reconnaît immédiatement leur numéro de consommateur enregistré à la banque centrale des profils de consommateurs. Ce même numéro anonyme est utilisé pour enregistrer les appréciations et les préférences des utilisateurs de ce système d'information.

Le profil de « visiteur » demeure dans les bases de données du *Citoyen global.* Cette information n'est jamais partagée avec une autre organisation, pas même la base de données mondiale des consommateurs. Cette dernière est d'ailleurs conçue pour ne jamais enregistrer de renseignements personnels provenant des services Internet utilisant la banque de données de consommateurs. Une réglementation internationale instaurée en 2007 interdit formellement à toute organisation d'établir un lien entre des citoyens et leur profil personnel sans leur consentement. Au *Citoyen global,* la protection des renseignements personnels est de toute façon l'un des principes sacrés de l'organisation.

DE RETOUR AU CONTEXTE D'AUJOURD'HUI
À la recherche d'un modèle économique viable sur Internet

Tant que nous n'aurons pas des écrans plats qui permettent une lecture à l'écran qui soit aussi agréable que dans un magazine ou un journal imprimé, la progression de l'information journalistique multimédia sur Internet aura de la difficulté à évoluer. De tels appareils seront sur le marché en 2008, 2015, 2025 ou 2100, mais personne pour le moment n'est en mesure de prédire avec certitude l'évolution de ces technologies.

La qualité des écrans est non seulement primordiale pour les lecteurs, mais également pour les annonceurs. Des écrans plus grands permettraient d'accorder plus de place à des publicités plus attrayantes. Dans le monde actuel, les petits bandeaux publicitaires sur Internet ne peuvent pas rivaliser avec la pleine page de magazine ou de journal, et encore moins le 30 secondes de publicité télévisée.

Actuellement, presque toutes les sources d'information journalistique sur Internet existent et survivent seulement parce que la majeure partie de leur contenu provient de journaux ou de magazines imprimés, ou de réseaux de télévision. Il n'existe pas encore de modèles économiques viables qui pourraient permettre à des organisations journalistiques d'envergure de produire des informations exclusivement sur Internet.

L'industrie journalistique doit suivre de très près l'évolution des nouvelles technologies Internet, non seulement les écrans plats permettant la lecture, mais également les écrans de télévision numérique reliés à Internet à haute vitesse. Dans seulement quelques années, les petits écrans de télévision plats, robustes et légers seront chose courante dans des millions de foyers. Ils seront reliés sans fil à Internet à haute vitesse et nous pourrons les transporter n'importe où dans la maison. Les écrans de télévision numériques géants seront également branchés, et en seulement quelques secondes, un téléjournal interactif complet pourra être téléchargé dans l'ordinateur central de la maison ou dans l'ordinateur du téléviseur. Nous pourrons alors choisir parmi les manchettes disponibles, accéder aux reportages télévisés de notre choix et contrôler le débit de l'information. Puisque le téléjournal sera branché à Internet, il n'y aura pas de limite aux options de contenus offertes aux téléspectateurs. Le modèle actuel du bulletin de nouvelles télévisé, que nous regardons passivement du début à la fin, pourrait facilement disparaître dans les principaux pays industrialisés dans une ou deux décennies.

Si l'écran portable qui permet une lecture à l'écran et des images vidéo de qualité se développe rapidement et devient populaire avant l'an 2010, les journaux et les magazines imprimés subiront une transformation radicale. L'industrie journalistique doit se préparer en vue de cette véritable convergence des médias. Pour le moment, les journalistes des salles de nouvelles de la radio, de la télévision, des journaux et des magazines sont spécialisés. Si nous leur demandions demain matin de produire leurs reportages en format multimédia avec des segments audio, vidéo, image et texte bien intégrés et reliés les uns aux autres, ils seraient presque tous désemparés. Dans le contexte actuel, le travail quotidien du journaliste de la télévision se résume habituellement à la production d'une capsule quotidienne de 30 à 60 secondes. Le journaliste de la presse écrite est habitué à produire en solo ses quelque 800 mots par jour. Ces différents types de journalistes devront apprendre à travailler davantage en équipe pour produire des reportages multimédias qui offrent plus de profondeur et de contenu en différents formats.

Plus de profondeur et de contenu pour chaque reportage constituera dans le futur la plus importante caractéristique de l'information journalistique sur Internet. Présenter une diversité de points de vue avec objectivité est une nécessité au sein des démocraties. Le format multimédia sur Internet, puisqu'il n'est pas limité par le nombre de lignes sur le papier ou le nombre de secondes à la télévision, permet de toujours présenter une information avec plus de substance, plus de profondeur.

Cependant, au bout du compte, la qualité des bulletins de nouvelles du futur dépendra d'abord et avant tout de l'attitude des dirigeants des salles de nouvelles, de l'importance qu'ils accorderont au rôle social du journalisme au sein des démocraties modernes. La santé d'une démocratie est directement liée à la liberté d'expression de ses journalistes et aux moyens que nous mettons à leur disposition pour chercher la vérité à tout prix et présenter une variété d'opinions.

Chapitre 6

LE PORTAIL DES CONNAISSANCES

Un accès rapide à la meilleure information
sur tous les sujets

Malgré ses limites technologiques, l'Internet d'aujourd'hui a déjà révolutionné l'accès à l'information. Les moteurs de recherche comme Yahoo ! et Google permettent de trouver rapidement des renseignements sur à peu près n'importe quel sujet. Le problème, c'est que ces outils ne règlent pas la principale difficulté des internautes, qui est celle de dénicher les sources d'information **les plus fiables.**

Par exemple, une recherche effectuée avec les mots clés « coup de soleil » donne des milliers de liens en retour. Parmi ceux-ci se retrouvent de nombreux sites Internet qui offrent au public de l'information médicale gratuite. Toutefois, la qualité et la fiabilité de ces sources sont très variables.

Certains services d'information médicale sont subventionnés par des compagnies pharmaceutiques. Cette forme de commandite influe inévitablement sur les recommandations, menant parfois même à l'émission de suggestions de produits en particulier. D'autres types de services Internet d'apparence fiable offrent des liens vers de l'information provenant de différentes sources dont la valeur scientifique n'est pas toujours assurée. Parmi les centaines de services d'information médicale disponibles sur Internet, il est difficile pour le public de distinguer les meilleurs.

L'accès aux différents contenus sur Internet est généralement gratuit, mais cette accessibilité constitue une lame à deux tranchants. Produire des contenus de qualité est une entreprise coûteuse, et quelqu'un doit payer la note. Les organisations qui fournissent le financement s'attendent habituellement à obtenir quelque chose en retour, et ce quelque chose, c'est bien souvent de réussir à influencer les achats, les habitudes ou les opinions du public.

Les étudiants des pays industrialisés d'aujourd'hui consultent naturellement Internet pour effectuer leurs travaux de recherche. Par exemple, s'ils tentent d'en connaître plus sur les dangers que représentent les déchets nucléaires, le moteur de recherche les dirigera probablement vers des sites d'organisations comme la Société française d'énergie nucléaire, en France, le Nuclear Energy Institute, aux États-Unis, et Greenpeace[9].

Les deux premières sont des organisations qui représentent l'industrie des centrales nucléaires, et soutiennent évidemment que les déchets nucléaires sont sous contrôle et représentent un danger écologique minime par rapport à d'autres sources d'énergie. Le troisième, Greenpeace, le principal représentant des activistes, met l'accent sur les pires catastrophes imaginables lors du transport et de l'entreposage des déchets nucléaires. Dans les trois cas, les étudiants font face à des contenus fort biaisés, mais très bien présentés, qui donnent l'impression d'être fiables car ils sont conçus par des experts dans l'art d'influencer l'opinion du public.

Dans un monde idéal, un moteur de recherche sur Internet devrait nous aider à trouver les meilleures sources d'information, **les plus neutres et les plus objectives,** sur tous les sujets.

SCÉNARIO DU FUTUR

Le portail des connaissances gagne la faveur du public

En 2025, le service Internet le plus apprécié du monde est celui d'une organisation internationale appelée le «Portail des connaissances», dont la mission est de «donner rapidement accès aux meilleures connaissances disponibles sur la planète à ce jour». Le moteur de recherche du portail est utilisé régulièrement par presque toutes les personnes qui ont accès à Internet.

Le succès de l'organisation repose sur son modèle d'affaires unique. Le portail des connaissances est essentiellement un pôle d'attraction international pour les sommités mondiales dans tous les domaines. Les fondateurs de l'organisation ont basé le concept sur un facteur humain évident : tous les spécialistes aiment être reconnus comme faisant partie des meilleurs au monde dans leur domaine d'expertise. Ce faisant, l'organisation a réussi un coup de maître : en 2025, la plupart des experts du monde entier communiquent eux-mêmes avec les recherchistes du portail des connaissances pour transmettre au public leurs idées, leurs documents ou leurs productions multimédias.

Ainsi, si un individu consulte le portail pour trouver de l'information sur les meilleures techniques pour nager le crawl, il accède rapidement à une série de documents multimédias de qualité produits par les meilleurs entraîneurs des meilleures écoles de natation du globe. Certains de ces documents sont gratuits, mais les plus complets sont vendus au prix de 1 $ à 100 $, en fonction du degré d'expertise et de la qualité des segments vidéo et des animations.

Certaines de ces productions constituent des programmes d'entraînement pour tous les niveaux, allant de débutant à entraîneur avancé.

Si une personne cherche de l'information sur des animaux comme les pingouins, les tigres ou les baleines, tous les documents proposés répondent à une série de critères de base établis par l'organisation du portail des connaissances. Certains de ces documents regroupent tout simplement les meilleures images de ces animaux, tournées dans leur habitat naturel. D'autres, de nature plus scientifique, décrivent les caractéristiques de ceux-ci. Les contenus répondent aux différents besoins du public.

Depuis la création du portail des connaissances, de nombreux groupes de spécialistes et d'experts indépendants œuvrant dans différents domaines se sont associés à des réalisateurs et à des maisons de production pour créer des documents multimédias qui correspondent aux critères de sélection de ce portail. Ces producteurs de contenus encaissent non seulement des droits d'auteur, mais obtiennent également une certaine notoriété à l'échelle mondiale. Étant donné le nombre illimité de sujets, certaines maisons de production analysent continuellement les recherches du public et les types de documents disponibles dans le but de répondre à ces besoins.

Un bon nombre de documents vendus à seulement 10, 25 ou 50 cents rapportent des profits appréciables. Par exemple, un petit guide multimédia portant sur les façons les plus efficaces d'enlever le papier peint, vendu seulement 25 cents, rapporte plus de 3 000 $ par mois à ses producteurs parce que la critique des usagers du portail est extrêmement positive à l'égard de ce guide. Les services d'information de type *How to* sont d'ailleurs les plus populaires auprès du public. Comment réparer, comment rénover, comment fabriquer, comment élever son enfant, comment cuisiner, comment, comment, comment... la liste de sujets est infinie.

Chaque jour, en 2025, une moyenne de 400 millions de personnes effectuent des recherches sur le portail et une moyenne de 25 millions de contenus et documents multimédias rapportent plus de 6 millions de dollars par jour, soit plus de 2 milliards par année, sans compter les revenus publicitaires.

Le portail des connaissances a littéralement créé un nouveau marché mondial pour les contenus multimédias, et les meilleures maisons de production multimédia du monde connaissent très bien les critères de base nécessaires pour qu'un document corresponde aux exigences de l'organisation.

■ Les 8 critères de sélection du portail des connaissances

Le succès planétaire du portail des connaissances repose principalement sur sa capacité de remplir sa mission, soit de « donner rapidement accès aux meilleures connaissances disponibles à ce jour ». Pour y parvenir, les fondateurs ont commencé par définir les critères de base selon lesquels un contenu ou un document peut être considéré comme faisant effectivement partie du meilleur des connaissances sur un sujet donné. Ce travail de défrichage a duré plus d'un an, et des centaines de spécialistes dans de multiples disciplines ont collaboré à ce travail. Les participants ont convenu que des critères généraux pouvaient servir à évaluer tous les contenus, mais qu'il fallait absolument des critères particuliers pour différents domaines de connaissances.

Par exemple, l'information qui touche le monde géopolitique, soit l'information sur les différents pays, leur histoire, leur économie, leurs dirigeants démocratiques ou leurs dictateurs, leurs guerres civiles, leur religion, etc., posent des défis de neutralité et d'objectivité très différents de ceux que nous retrouvons dans le domaine scientifique.

Les critères de sélection des contenus et des documents du portail des connaissances sont expliqués en détail, à l'aide d'exemples concrets, dans un document multimédia disponible dans plusieurs langues sur le portail lui-même. Ces critères ont été raffinés au fil des ans, et de nombreuses améliorations ont été apportées à ce document, en particulier dans les exemples.

Les contenus et les documents qui font partie du meilleur des connaissances sur tous les sujets proviennent de sites et de services Internet de différentes organisations de partout dans le monde. Le lancement de ce portail a mené à la création de milliers de nouveaux sites et services Internet touchant des domaines, des sujets ou des thèmes particuliers.

Les fondateurs, en accord avec les centaines d'experts qui ont collaboré au projet, ont également convenu que le portail des connaissances accorderait des agréments à des sites et à des services Internet. En 2025, plus de 15 000 organisations sur la planète, couvrant une gamme complète de champs de connaissances, affichent fièrement le logo officiel d'agrément du portail des connaissances sur leur page d'accueil. Pour recevoir l'agrément du portail, ces organisations doivent remplir sans relâche les huit engagements suivants :

1. *Toujours fournir la meilleure information disponible.* L'organisation doit continuellement s'assurer que les contenus et les documents qu'elle produit ou offre au public répondent aux critères de sélection du portail des connaissances, dont le premier critère, valable pour tous les domaines, est que l'information présentée fasse partie des connaissances les plus récentes et les plus fiables sur un sujet donné.

   Si l'organisation possède ses propres équipes de production multimédia, ou si elle embauche des équipes indépendantes, celles-ci doivent tenir compte du *Code d'éthique professionnel* et des *Standards et pratiques de production* établis par le portail des connaissances.

2. *S'efforcer de transmettre une information facile à comprendre pour le public en général et même pour des publics plus ciblés.* Puisque la majorité des idées contenues dans les documents multimédias proviennent de spécialistes, un travail de vulgarisation est essentiel pour rendre le tout accessible au public. En 2025, presque tous les concepteurs et les réalisateurs ont suivi des cours de vulgarisation adaptés aux productions interactives.

Une attention toute particulière est accordée aux mots et expressions que les experts tiennent trop facilement pour acquis. Par exemple, en nutrition, les spécialistes croient souvent que le public en général connaît la définition des mots hydrates de carbone, fibres alimentaires, toxines, fructose, etc. En 2025, presque tous les contenus proposés dans le portail des connaissances ont été produits, révisés ou adaptés par des professionnels en communication interactive.

Le portail des connaissances donne également accès à des contenus et à des documents qui s'adressent à des professionnels ou à des publics cibles qui comprennent bien le vocabulaire spécialisé. Toutefois, dans de tels cas, le public est avisé du niveau de langue spécialisé.

3. *Ne pas accepter de financement de la part de commanditaires ayant des intérêts dans le domaine des connaissances.* Les commanditaires représentent des sources de financement intéressantes, mais ceux-ci ont souvent un impact négatif sur l'objectivité, la fiabilité et la neutralité du contenu. Par exemple, un service Internet spécialisé du genre « Tout ce que vous devez savoir pour les enfants de moins de 6 ans » ne pourrait pas être subventionné par des sociétés comme Procter & Gamble ou Fisher-Price, qui portent un intérêt évident au contenu.

Cela dit, les dons de fondations privées peuvent être acceptés lorsque ceux-ci n'ont pas d'incidence sur l'information offerte dans le site. Par exemple, depuis 1990, le Center for Public

Integrity[10] reçoit d'importantes subventions pour produire des enquêtes et des rapports fort intéressants au sujet de l'influence du pouvoir et de l'argent sur le gouvernement américain.

4. *Accepter une quantité limitée de publicités faites par des annonceurs ayant un intérêt particulier à l'égard du sujet.* Les organisations agréées au portail des connaissances et qui acceptent les revenus publicitaires doivent obligatoirement être affiliées à la centrale mondiale des profils de consommateurs (voir chapitre 4) et utiliser le système de gestion des messages publicitaires du portail des connaissances. L'organisation doit limiter à 20 % la quantité de publicités provenant d'annonceurs ayant un intérêt direct dans le contenu du service Internet.

Par exemple, un service Internet spécialisé dans les meilleures connaissances en nutrition, qui propose des programmes nutritionnels et des milliers de recettes santé, ne peut pas accepter plus de 20 % de publicité pour l'ensemble des annonceurs reliés au monde de l'alimentation ; cela inclut des organisations comme les fédérations des producteurs de porc, de lait ou de bovins. Un seul annonceur parmi ceux-ci ne peut pas représenter plus de 1 % du 20 %, soit 0,2 % du budget publicitaire total du service en question.

De cette façon, si un annonceur menace de retirer sa publicité à cause de l'information présentée au public, cela aura une incidence négligeable sur l'ensemble des revenus du service. Si, par exemple, une multinationale de boissons gazeuses est en désaccord avec les recommandations du service de nutrition concernant la consommation de telles boissons, et menace de retirer ses publicités, l'organisation pourra répliquer : « Nous sommes désolés de votre désaccord, mais tous les renseignements que nous proposons à nos visiteurs et clients sont basés sur les meilleures connaissances en nutrition disponibles. Si vous pouvez nous fournir des renseignements qui prouvent que nous sommes dans l'erreur, nous vous prions de nous les soumettre, car notre travail quotidien consiste à fournir la meilleure information nutritionnelle possible. »

5. *N'avoir aucune affiliation directe à des organisations d'activistes ou groupes d'intérêts politiques et syndicaux.* Les affiliations à des organismes gouvernementaux sont analysées et approuvées cas par cas. Une affiliation à des groupes activistes, politiques ou syndicaux est inacceptable pour l'organisation du portail des connaissances, puisque ceux-ci ont tendance à présenter l'information de façon à générer des réactions émotives de la part du public.

L'information provenant d'organismes gouvernementaux n'est pas une situation aussi évidente. Dans plusieurs cas, ces sources ne correspondent pas aux critères de base du portail des connaissances. Par exemple, les guides alimentaires officiels des gouvernements ne sont pas acceptables pour le portail des connaissances, car les concepteurs de ces guides subissent trop de pression de la part de l'industrie alimentaire. Ainsi, modifier une seule phrase du *Food Guide Pyramid* du gouvernement américain peut susciter des discussions interminables et même des menaces de poursuites judiciaires de la part des représentants de l'industrie[11].

Toutefois, la réalité, c'est que de nombreuses sources d'information importantes n'existeraient tout simplement pas sans les subventions gouvernementales. C'est le cas, entre autres, de guides décrivant les mesures de sécurité au travail dans de multiples conditions, ou de certains services de renseignements médicaux pour le public. C'est la raison pour laquelle des spécialistes du portail des connaissances analysent constamment les différentes sources d'information en vue de s'assurer que l'influence gouvernementale n'ait pas un effet nuisible sur la fiabilité des contenus.

6. *Ne pas être propriétaire, entièrement ou partiellement, d'une entreprise ou d'une organisation ayant des intérêts à protéger*

ou à promouvoir. Les organisations agréées au portail des connaissances doivent fournir des documents légaux confirmant les noms des individus et des organismes ou sociétés qui détiennent des intérêts financiers dans le service Internet. L'organisation doit prouver qu'il n'y a aucune source de conflit d'intérêts.

De toute évidence, un service Internet relié au domaine de l'informatique ne peut pas être la propriété, si minime soit-elle, d'une entreprise comme IBM ou Microsoft. Les conflits d'intérêts doivent être évités à tout prix.

7. *Constamment rechercher l'objectivité et soutenir les efforts en ce sens par l'utilisation de fonctions de feed-back contextuel.* L'objectivité parfaite est utopique. Toute personne qui prétend être capable d'écrire quoi que ce soit sans que le contenu soit affecté par ses sentiments personnels, ses préjugés et sa culture se raconte des histoires. Malgré tout, la recherche honnête de l'objectivité est essentielle pour obtenir le meilleur des connaissances sur un sujet donné.

La recherche de l'objectivité fait partie intégrante du code d'éthique que doivent adopter les équipes de production multimédia désirant élaborer des contenus destiné au portail des connaissances. Mais cela n'est pas suffisant. Les sites et les services Internet agréés au portail doivent obligatoirement inclure des fonctions de feed-back contextuel reliées à tous les contenus et documents qu'ils offrent à la population. À l'écran, une icône de feed-back est toujours présente et permet à tout utilisateur de faire parvenir ses commentaires. Une section du formulaire de feed-back s'intitule « Erreurs et inexactitudes ». Cette section est acheminée directement aux producteurs du contenu et aux personnes responsables de la vérification de la qualité des contenus du service. Puisqu'il s'agit de contenus numériques, des corrections sont régulièrement apportées lorsqu'on le juge pertinent ou nécessaire.

Étant donné la nature internationale d'Internet, les différences culturelles et les diverses approches dans les multiples domaines de connaissances, les fonctions de feed-back permettent aux producteurs d'être beaucoup plus conscients de leurs limites en ce qui concerne le degré d'objectivité auquel ils peuvent aspirer.

8. *Ne pas vendre de produits et de services autres que de l'information.* Les organisations agréées au portail des connaissances ne doivent pas vendre des produits et des services qui les placent dans une situation de conflit d'intérêts. Par exemple, un site Internet spécialisé dans le jardinage ne doit pas vendre d'articles comme des outils de jardinage ou des produits fertilisants, même naturels. La vente de tels produits influerait inévitablement sur l'information offerte au public. Bref, un service Internet vraiment libre de toute influence commerciale devrait être en mesure d'affirmer « Vous n'avez pas vraiment besoin de tels produits » lorsque cela correspond au meilleur des connaissances sur le sujet.

Évidemment, la vente d'information sous la forme d'accès à des contenus ou documents demeure une constante source de conflit d'intérêts. Mais lorsqu'une organisation Internet respecte les huit critères du portail des connaissances, l'information qu'on y trouve évite déjà une très grande partie des embûches.

▨ La gestion des espaces publicitaires et de l'information

Le succès financier du portail des connaissances et la multiplication rapide des milliers de services Internet qui ont demandé l'agrément de l'organisation sont principalement dus au système de gestion centralisée des espaces publicitaires du portail.

Le modèle financier privilégié par les fondateurs tient compte de la nouvelle réalité économique créée par la centrale mondiale des profils de consommateurs (voir chapitre 4). Auparavant, un service Internet dont la spécialité est la pratique du golf attirait essentiellement des publicitaires du domaine du golf et de produits plutôt luxueux, malgré le fait que de nombreux golfeurs ne soient pas riches. En 2025, puisque la publicité peut correspondre au profil précis de chaque consommateur, le même service Internet sur le golf peut attirer une plus grande variété d'annonceurs.

Les milliers de services Internet agréés au portail des connaissances sont reliés au système mondial de gestion des espaces publicitaires du portail. Chaque jour, l'ensemble de ces services attirent des millions d'individus de partout dans le monde, ce qui représente une masse de consommateurs importante dans le monde publicitaire. Le système centralisé d'achat des espaces publicitaires facilite la vie des annonceurs en leur permettant d'atteindre les consommateurs ayant un profil précis. Grâce au système centralisé, les annonceurs n'ont pas besoin de négocier et de signer des contrats avec chacun des producteurs des services Internet affiliés au portail des connaissances.

Les producteurs de services Internet agréés au portail voient leurs revenus publicitaires augmenter de façon significative, car le système centralisé leur permet d'attirer des annonceurs qui, dans d'autres circonstances, n'auraient probablement jamais annoncé chez eux.

Le système de gestion des espaces publicitaires du portail des connaissances est très sophistiqué. Il est directement relié au système de gestion des contenus et des documents qui est fourni gratuitement à toutes les entreprises ou personnes offrant des services Internet agréés au portail.

Pour être agréés, les services Internet doivent obligatoirement mettre en application les processus de gestion des contenus et des documents du portail. Les producteurs d'un contenu ou d'un document doivent remplir une fiche électronique pour décrire le contenu et indiquer dans quelles catégories ou sections cette information devrait être répertoriée. Ces fiches d'inscription sont vérifiées et corrigées par une équipe de plus de 200 employés du portail des connaissances qui travaillent à temps plein à la classification des contenus et à l'analyse de l'efficacité des moteurs de recherche du portail.

Cette méthode de gestion commune des contenus et des documents fait en sorte que les meilleures connaissances dans tous les domaines sont beaucoup plus faciles à trouver. Elle permet d'optimiser l'efficacité des moteurs de recherche du portail, qui donnent des résultats plus pertinents et moins nombreux. Cela permet également aux visiteurs d'effectuer leurs recherches de différentes façons à l'aide de différentes formes de classification, soit par ordre alphabétique, par domaine de connaissances, par sujet, par date, par région géographique, etc. Le système de classification permet également de trouver les contenus par différents groupes d'âge et années de scolarité. Peu importe le mode de recherche, le portail des connaissances étonne continuellement ses visiteurs, car toutes les avenues, sans exception, mènent vers les meilleures connaissances disponibles.

De plus, chaque contenu ou document contient une section de référence indiquant **pourquoi** cette source d'information est considérée comme faisant partie du meilleur des connaissances. On y trouve les noms des auteurs et des organisations, une brève présentation établissant leur crédibilité, la source de financement, la date de création et de mise à jour, et des indications supplémentaires lorsque nécessaire.

Les visiteurs peuvent également s'inscrire et soumettre les sujets à propos desquels ils souhaitent être informés lorsque de nouveaux contenus ou documents deviennent disponibles. Ils peuvent aussi, comme c'est le cas avec *Le citoyen global,* indiquer leur appréciation des contenus qu'ils consultent et obtenir en retour des suggestions de documents qui correspondent à leurs goûts personnels. Lorsqu'un utilisateur enregistré accède au portail, une section à

l'écran présente une liste des documents multimédias exceptionnels qui correspondent à ses goûts et à ses intérêts. Cette liste est
très populaire auprès du public, car plusieurs utilisateurs visionnent
les segments vidéo de ces documents multimédias sur leur système
de cinéma maison.

Des outils de traduction simultanée extrêmement sophistiqués sont
utilisés régulièrement par les visiteurs, mais la majorité des citoyens
de la planète consultent les documents en langue anglaise. En
effet, les systèmes interactifs d'apprentissage des langues secondes
sur Internet sont particulièrement populaires. En conséquence, la
grande majorité des citoyens de la planète qui ont accès aux technologies commencent à initier leurs enfants à la langue anglaise
très tôt. Parce qu'en 2025, il ne faut pas l'oublier, l'anglais est plus
que jamais la langue de communication universelle.

DE RETOUR AU CONTEXTE D'AUJOURD'HUI
Une première génération du portail des connaissances

Au cours de son enfance, l'être humain montre une soif de
connaissances remarquable caractérisée par l'utilisation continuelle
de la question « Pourquoi ? ». Au fil des ans, cette curiosité naturelle
s'estompe pour de multiples raisons. Parmi celles-ci, la difficulté de
trouver les réponses est sûrement l'une des plus importantes.
Pourtant, les questions, elles, continuent de surgir régulièrement dans
nos esprits. Si le portail des connaissances existait déjà, il y a fort a
parier que nous l'utiliserions sur une base régulière.

L'Internet de 2003 est assez performant pour qu'un portail des
connaissances soit créé. Le principal problème pour le moment est la
façon d'obtenir du financement. Tant que la publicité ciblée et les
micropaiements ne seront pas pratique courante sur Internet, il est
difficile d'imaginer comment il serait possible de financer la produc-

tion des réponses aux millions de questions. Il faudra probablement attendre quelques années avant de pouvoir lancer et financer ce genre de service Internet.

Entre-temps, nous devrions nous pencher sur la nécessité d'enseigner les techniques d'analyse de la fiabilité des sources d'information dès l'école secondaire. Depuis le boom d'Internet, des milliers de sites ont été créés par des experts en relations publiques pour défendre et promouvoir des intérêts, des causes, des industries. En parallèle, des mouvements d'activistes ont créé des sites Internet pour attaquer et critiquer les mêmes intérêts, causes et industries.

Par exemple, de nombreux sites soulèvent des questions à propos des dangers de la biotechnologie et annoncent les pires catastrophes humaines et environnementales. En général, nous ne pouvons nous fier à la validité scientifique de l'information contenue dans ces sites.

Pour contrer les critiques, les grandes entreprises biotechnologiques ont financé la création d'un organisme appelé le Conseil de l'information en biotechnologie, voué à la publicité et à la promotion des bienfaits de la biotechnologie. Le site Internet de l'organisation prétend présenter de l'information « basée sur la science », mais les contenus sont particulièrement positifs à l'égard de la biotechnologie, en particulier dans les domaines de l'agriculture, de l'environnement et des médicaments[12]. Un individu qui veut véritablement s'informer sur les bienfaits et les risques potentiels de la biotechnologie doit consulter des sources d'information plus objectives qui ne sont pas toujours faciles à trouver ni à identifier.

La population et les étudiants qui surfent sur Internet ne prennent pas nécessairement le temps de vérifier quelles organisations financent de tels sites, ni de se demander jusqu'à quel point l'information qui y est présentée est biaisée. Une formation dès l'école secondaire pour apprendre à analyser le degré de fiabilité et d'objectivité des sources d'information serait très utile aux élèves d'aujourd'hui pour qui Internet est souvent le premier, et trop souvent le seul endroit qu'ils consultent pour réaliser leurs travaux de recherche.

Dans un futur très proche où les citoyens auront fort probablement le droit et le devoir de participer plus activement au processus démocratique, une telle formation deviendra encore plus essentielle, et un portail des connaissances d'autant plus nécessaire.

Chapitre 7

LE GOUVERNEMENT EN LIGNE

*Une démocratie améliorée et
des services publics plus efficaces*

Au début du XXIe siècle, les citoyens des pays démocratiques en général pratiquent une forme très limitée de démocratie. Après les élections, les gens retournent devant leur téléviseur et redeviennent de simples spectateurs de l'activité politique. Ceux qui veulent s'opposer aux décisions des gouvernements brandissent des pancartes et descendent dans la rue en souhaitant que cela ait un effet sur l'opinion publique et les décisions des élus. Bien que nous vivions dans un monde de haute technologie, les formes de communication entre le gouvernement et les citoyens sont encore passablement archaïques.

Entre deux élections, nous tenons parfois des référendums, mais ceux-ci se font rares dans la plupart des pays et ils concernent le plus souvent des enjeux majeurs, comme un changement à la constitution, l'accession d'un peuple à l'indépendance ou à des traités internationaux comme l'Union européenne. En ce sens, la Suisse fait figure d'exception : ce pays tient en moyenne une dizaine de référendums par année, au cours desquels les citoyens ont le droit de remettre en question les décisions du gouvernement fédéral[13]. En effet, sur une population de plus de 7 millions d'habitants, seulement 50 000 signatures sont nécessaires pour exiger un référendum sur un projet de loi présenté par le parlement suisse.

N'empêche, malgré ce pouvoir donné aux citoyens, la Suisse connaît les mêmes problèmes de communication que les autres pays industrialisés. Dans un monde de médias de masse, réussir à joindre et à bien informer le public demeure un défi important pendant les campagnes électorales. Les partis politiques et les candidats les plus riches sont avantagés par de solides campagnes de publicité. Cependant, une fois élus, les politiciens peuvent difficilement communiquer avec les citoyens pour échanger des idées et connaître leurs besoins et leurs opinions. La population a du mal à exprimer son désaccord ou à transmettre des suggestions au sujet de projets de loi. L'accès à l'information touchant les initiatives et les décisions des gouvernements laisse souvent à désirer.

Du côté des services publics, la communication entre les citoyens et les fonctionnaires laisse à désirer dans la majorité des pays. La lourdeur et la complexité des bureaucraties sont trop souvent une source de frustration lorsque vient le moment de traiter avec différents paliers de gouvernement. Les politiciens promettent tour à tour d'éliminer la paperasse et d'augmenter la productivité des services publics, mais leurs promesses s'effondrent trop souvent devant l'ampleur de la tâche. On ne peut pas modifier du jour au lendemain des méthodes de travail établies depuis des décennies.

Au milieu de tous ces problèmes surgit une lueur d'espoir : la possibilité d'utiliser les technologies de la nouvelle génération d'Internet pour améliorer nos pratiques démocratiques et favoriser l'efficacité de la bureaucratie gouvernementale.

SCÉNARIO DU FUTUR

Le gouvernement en ligne fait ses preuves

Nous sommes en 2025. Les citoyens des pays industrialisés possèdent tous une carte de citoyenneté électronique qui leur permet de communiquer et de traiter par Internet avec tous les organismes gouvernementaux, tant sur le plan municipal que sur le plan national. La carte de citoyenneté sert à la fois de passeport, de permis de conduire, de carte médicale et même de permis de chasse. Depuis l'introduction de cette carte, la gestion des services publics s'est grandement améliorée.

Jusqu'en 2011, des organismes de protection des citoyens se sont farouchement opposés à l'adoption de la carte de citoyenneté électronique, craignant qu'elle permette aux gouvernements de s'introduire outrageusement dans la vie privée des citoyens. Au fil des ans, ces cris d'alarme se sont graduellement estompés, car la pratique a plutôt démontré le contraire. L'introduction de la carte de citoyenneté a forcé les gouvernements démocratiques à voter des lois de plus en plus sévères en ce qui concerne la protection de la vie privée. En conséquence, les droits des citoyens en général n'ont jamais été aussi bien protégés et respectés.

En 2025, tous les fichiers personnels que les gouvernements détiennent sur les citoyens sont électroniques et confidentiels. Pour accéder à une partie du fichier électronique d'une personne, un fonctionnaire doit y être autorisé et avoir une raison justifiée d'y accéder. Toute consultation d'un fichier par un fonctionnaire est enregistrée et conservée en mémoire; on y mentionne la date, l'heure de l'accès et la raison pour laquelle le fichier a été ouvert. Des mécanismes de sécurité limitent très précisément les sections de fichiers de citoyens auxquelles un fonctionnaire a accès pour accomplir son travail. Si un fonctionnaire tente d'accéder à une section pour laquelle il n'a pas la permission, le système ne permet pas l'accès et enregistre automatiquement les essais répétés pour déceler les tentatives d'intrusions illégales.

Dans les pays industrialisés, des lois accordent le droit à tout citoyen d'accéder aux renseignements que le gouvernement détient à son sujet, à l'exception de certains types de dossiers de sécurité publique.

▧ Des services publics en ligne efficaces

En 2025, la qualité et l'efficacité des services publics en ligne est étonnante lorsqu'on les compare à celles qui prévalaient au début du siècle. Cette évolution positive est la conséquence directe de la nature même du média Internet qui a forcé les décideurs des services publics à développer les services publics en ligne des différents paliers de gouvernement en s'imaginant à la place des citoyens et des utilisateurs.

Avec les années, les concepteurs professionnels ont perfectionné l'art de concevoir des services publics en ligne en se concentrant d'abord et avant tout sur ce qui peut se passer dans la tête des humains qui vont les utiliser. Tout au long du processus de conception, des maquettes ou des simulations des futurs services sont produites et testées auprès de vrais utilisateurs pour vérifier si les services sont faciles à utiliser et à comprendre. Les services publics en ligne de l'an 2025 facilitent la vie des citoyens, puisqu'ils correspondent beaucoup plus à leur façon de penser.

En 2025, de très nombreuses sections d'accès aux services gouvernementaux sont produites pour des publics en particulier. Par exemple, tous les camionneurs d'un pays savent qu'il existe une section d'information gouvernementale conçue spécifiquement pour eux. Cette section est le résultat du travail d'experts en conception de services Internet qui ont analysé en détail tout ce que les différents types de camionneurs veulent faire ou savoir lorsqu'ils consultent des services gouvernementaux : permis, réglementation, douanes, formation obligatoire, etc. L'organisation de l'information à l'écran a été testée auprès de nombreux camionneurs pour vérifier s'ils s'y retrouvent et également s'ils comprennent bien les explications présentées en format texte et vidéo. Le niveau de langue a été judicieusement adapté au public cible.

Tous les organismes gouvernementaux qui traitent avec les camionneurs travaillent de concert dans le but d'harmoniser leurs différents services et sources d'information présentés sur Internet dans la section officielle destinée à ces travailleurs. Avant la création de la section spéciale, les camionneurs trouvaient très difficilement ce qu'ils cherchaient sur les sites des gouvernements. Ils devaient d'abord savoir avec quel palier de gouvernement traiter, ce qui n'est pas toujours évident, et ensuite deviner dans quel ministère ou service public se trouve l'information ou le service recherché. Mêmes les pages d'accueil des ministères comme celui du ministère du Transport s'adressent à divers publics et couvrent une grande variété de sujets qui n'ont rien à voir avec les camionneurs. Chercher l'information pertinente était trop souvent une aventure longue et frustrante. Quant aux outils de recherche des sites gouvernementaux, ils permettaient parfois de trouver l'information recherchée, mais pas toujours. La section spéciale pour les camionneurs permet d'éviter cette complexité.

En 2025, il existe des sections d'information gouvernementale sur mesure pour la plupart des travailleurs spécialisés comme les chauffeurs de taxi, les pharmaciens et les électriciens. On trouve des centaines de sections spécialisées pour une grande variété de thèmes, de sujets, d'occasions et de catégories, comme la faillite personnelle ou commerciale, l'adoption d'enfants, la rénovation de maisons et d'édifices, le recyclage des déchets domestiques et les mesures pour les immigrants, et ce, dans plusieurs langues.

Dans tous les cas, il ne s'agit pas simplement de diriger les gens vers les bonnes instances publiques, mais de disposer également de moyens efficaces pour bien les informer. Par exemple, dans le cas du recyclage des déchets domestiques, un citoyen trouvera des renseignements spécifiques à son quartier, comme les jours et les heures de collecte, ou encore qui contacter pour faire un commentaire ou déposer une plainte. Il aura également accès à de l'information pratique, tel un document multimédia démontrant comment préparer et séparer les différentes matières, sans compter toute une série de renseignements qui résultent de l'analyse constante de tout ce que les citoyens peuvent vouloir connaître de la part de leurs différents gouvernements au sujet du recyclage de déchets domestiques, soit les politiques officielles, le taux de récupération, les statistiques, etc.

Dans chaque cas, la méthode de conception des sections est la même : les concepteurs s'imaginent à la place des gens qui les consultent et tentent de satisfaire le mieux possible leurs besoins et leurs attentes. Tous ces regroupements de services sont régulièrement testés auprès de vrais usagers dans le but de vérifier s'ils sont faciles à utiliser et s'ils répondent vraiment aux besoins. Les services publics qui s'adressent aux entreprises, aux organisations et aux professionnels ont subi le même genre de transformation. Dans ces cas, les services publics sont regroupés en fonction des besoins des individus, des entreprises et des organisations qui doivent négocier avec les différents services publics.

Faire ces regroupements de services publics par thèmes, correspondant à la façon de penser des usagers, a été beaucoup plus difficile que prévu pour les différents paliers de gouvernement. Il a fallu un peu plus de 20 ans pour transformer les méthodes de travail et les responsabilités des fonctionnaires dans le but de s'ajuster aux nouvelles façons de servir le public.

■ Les gouvernements épargnent des milliards de dollars

Les gouvernements ont imposé cette obligation formelle d'adopter la perspective des citoyens et des autres usagers des services publics pour une raison très simple : l'expérience a clairement démontré qu'il s'agit de la meilleure façon de réduire les coûts d'exploitation des services publics, car cela force automatiquement les différentes divisions administratives à être plus efficaces.

Avant cette obligation, les fonctionnaires de ces divisions ne se préoccupaient pas assez de la qualité du service à la clientèle et de la complexité des procédures à suivre ; ils travaillaient très peu en collaboration avec les autres divisions. Les procédures, lentes et complexes, reliées à de multiples formulaires en papier, coûtaient une fortune en frais d'administration.

En 2025, les services aux citoyens, qu'ils soient à l'échelle nationale, régionale ou municipale, sont tous reliés à la carte de citoyenneté électronique. Cet outil révolutionnaire permet à lui seul d'épargner des milliards de dollars en frais administratifs : la signature électronique est littéralement connectée à la carte et cela permet d'utiliser des formulaires électroniques pour tous les services. Les erreurs administratives se font donc beaucoup plus rares qu'au début du siècle. Des principes similaires de signatures électroniques s'appliquent à l'ensemble des services publics qui s'adressent aux entreprises et aux organisations.

En 2025, les communications entre les fonctionnaires et les citoyens sont particulièrement efficaces, même pour les personnes âgées qui ont de la difficulté à utiliser un ordinateur. Par exemple, le citoyen peut voir un fonctionnaire sur une image vidéo à son écran, et ce dernier est en mesure de lui transmettre directement des formulaires électroniques. Le fonctionnaire aide la personne âgée à remplir le formulaire et peut lui indiquer comment utiliser sa carte de citoyenneté pour apposer sa signature électronique. Les rares citoyens incapables d'utiliser les ordinateurs en 2025 se rendent dans les centres de service des gouvernements où des préposés les aident devant l'ordinateur.

De 2005 à 2025, le nombre d'édifices et de bureaux des fonction-naires dans les principaux pays industrialisés a diminué de plus de la moitié et le nombre de fonctionnaires a été réduit d'environ 40 %. Effectué graduellement, ce processus de transformation a été grandement facilité par le fait que dans certains pays comme le Canada, les États-Unis, l'Angleterre et l'Australie, près de 40 % des fonctionnaires – des baby-boomers – ont pris leur retraite durant cette même période.

Bref, l'ensemble des processus gouvernementaux s'est bonifié. Les inspecteurs du gouvernement dans tous les domaines ne rédigent plus de rapports sur du papier. Par exemple, ceux qui sont respon-sables de l'évaluation de l'état des ponts enregistrent leurs obser-vations, leurs photos et segments vidéo ainsi que les résultats de leurs tests sur des ordinateurs portables. Ces rapports d'inspection électroniques ont été mis au point par des experts en conception de services Internet en collaboration avec des inspecteurs sur le ter-rain dans le but d'assurer un maximum d'efficacité.

Le fait de développer tous les services publics en ligne en s'ef-forçant de s'imaginer à la place des personnes qui les utilisent a généré une autre très importante source de réduction des frais de gestion des services publics. En effet, en regroupant les services des différents paliers de gouvernement, la duplication des services est tout à coup devenue beaucoup plus évidente. Dans les pays comme le Canada, ces duplications entre le gouvernement fédéral et celui des provinces ont engendré des discussions et des négociations animées. Dans presque tous les cas, des ententes ont permis une diminution de coûts appréciable. Les politiciens ont été en quelque sorte obligés de négocier et de s'entendre, car l'opinion publique était unanime : il fallait éliminer les dédoublements, améliorer les procédures inefficaces, sabrer dans les coûts et, surtout, réduire les impôts.

■ Des élus vraiment à l'écoute des citoyens

En 2025, la simplicité du vote électronique a rendu les référendums plus fréquents qu'au début du siècle, mais pas autant que plusieurs l'avaient prédit. Ce qui est devenu plus populaire encore dans les principaux pays industrialisés est communément appelé la **démonstration publique virtuelle.**

Ainsi, les citoyens n'ont plus besoin de brandir des pancartes dans la rue pour manifester leur désaccord ou leur appui à l'égard des décisions que prend le gouvernement en place. Puisqu'ils possèdent tous une carte de citoyenneté, ils peuvent accéder directement aux différents sites Internet du gouvernement en vue d'enregistrer officiellement leur position au moment où un projet de loi est rendu public ou lorsque d'autres décisions sont prises par les élus.

Dans le gouvernement fédéral des États-Unis de 2025, les sénateurs et les membres de la Chambre des représentants ont chacun un site Internet conçu en fonction de la perspective des citoyens des régions qu'ils représentent. Adopter la perspective des citoyens veut dire que les concepteurs de ces sites Internet ont d'abord et avant tout tenu compte des intérêts des citoyens, et non pas de ceux des politiciens. À l'origine, différents concepts de sites Internet ont été testés auprès d'une variété de citoyens pour, d'une part, vérifier leur degré d'intérêt et leurs préférences parmi les options proposées et, d'autre part, recueillir leurs commentaires et suggestions pour apporter des améliorations. Adopter la perspective des citoyens veut également dire que tous les textes et les contenus multimédias sont produits dans un langage que les citoyens peuvent facilement comprendre. Les sites s'améliorent d'année en année grâce à des études portant sur la satisfaction du public et des recommandations provenant des citoyens.

En 2025, lorsqu'un citoyen accède au site Internet du membre de la Chambre des représentants de son district, la section principale de la page d'accueil est consacrée aux projets de loi sur lesquels l'élu sera appelé à voter au cours des prochaines semaines. Pour chaque projet, un citoyen peut enregistrer de façon confidentielle son approbation ou sa désapprobation. À côté de chaque projet, des baromètres indiquent le nombre et le pourcentage des citoyens de la région et de l'ensemble du pays qui sont pour ou contre l'initiative.

Par exemple, en 2021, des membres du Parti vert ont présenté un projet de loi pour l'abolition des missiles nucléaires aux États-Unis. La proposition incluait une mesure selon laquelle les États-Unis devaient proposer et soutenir un traité mondial de désarmement nucléaire aux Nations Unies. Au cours des semaines qui ont précédé le vote, 78 % des citoyens américains ont pris la peine d'accéder au site de leurs représentants pour enregistrer leur position. Parmi ces citoyens, 74 % étaient en faveur de l'abolition des missiles nucléaires et seulement 26 % se montraient contre la proposition. Pendant quelques semaines, l'abolition était le sujet le plus discuté au travail et à l'occasion de rencontres sociales et familiales.

Au départ, presque tous les membres du Parti républicain et certains membres du Parti démocrate étaient contre cette mesure. Ils soutenaient que cela allait rendre les États-Unis vulnérables aux attaques nucléaires des autres pays. Le Parti vert et les autres membres du Parti démocrate soulignaient le fait que les systèmes antimissiles ultra sophistiqués sont efficaces à 99,9 %, ce qui rend les missiles nucléaires inutiles de toute façon. Chose certaine, plus les semaines avançaient, plus il était évident que la grande majorité des citoyens américains appuyaient le projet.

Les bulletins de nouvelles mentionnaient régulièrement le pourcentage de citoyens qui avaient enregistré officiellement leur position sur le site Internet du gouvernement. Les politiciens qui étaient contre la proposition se faisaient poser la question suivante par les journalistes : « Allez-vous voter contre la proposition même si la majorité des gens qui habitent dans votre district la soutiennent ? » À mesure que les votes des citoyens s'enregistraient en faveur de l'abolition des missiles nucléaires, les politiciens étaient de plus en plus embarrassés par la question. Finalement, devant la volonté du public, presque tous les élus ont modifié leur position et le projet de loi est passé facilement à la Chambre des représentants puis au Sénat.

Par ailleurs, l'introduction des mécanismes de démonstrations publiques virtuelles a ajouté du piquant à la vie démocratique. Grâce à cette nouvelle dynamique, les citoyens des pays industrialisés ont beaucoup moins l'impression d'être de simples spectateurs de la vie politique. Auparavant, les politiciens votaient presque toujours selon la ligne du parti, peu importe l'opinion des citoyens qu'ils représentaient. Depuis que les citoyens enregistrent officiellement leurs positions, les élus sont plus à l'écoute de ces derniers et votent plus souvent contre la ligne de leur parti politique lorsque la population indique clairement sa préférence. Bref, la pression est forte : en 2025, les politiciens qui ne respectent pas la volonté des électeurs sont rarement réélus.

■ L'information circule rapidement au sein de la population

Les citoyens de l'an 2025 n'ont pas davantage le temps de se préoccuper des affaires politiques qu'au début du siècle. Le nombre exceptionnellement élevé de citoyens américains qui ont officiellement enregistré leur accord au projet de désarmement nucléaire est directement imputable à l'importance de la couverture médiatique et aux campagnes de sensibilisation organisées par différents organismes.

Pendant les semaines qui ont précédé le vote, les journalistes et les éditorialistes ont régulièrement invité les citoyens à enregistrer leur position officielle sur le site Internet du gouvernement. La page d'accueil personnalisée des services de nouvelles multimédias comme *Le citoyen global* (voir chapitre 5) indiquait toujours le pourcentage et le nombre de votes pour ou contre la proposition. Un lien menait à un plein écran sur lequel étaient regroupés tous les reportages journalistiques sur le sujet, dont une comparaison avec des lois similaires ailleurs dans le monde et leurs résultats et conséquences.

Parallèlement au travail des journalistes, des groupes de protection des droits et des intérêts des citoyens ont expédié des millions de messages électroniques à leurs membres pour attirer leur attention sur le projet de loi. En 2025, l'organisation d'origine américaine Public Citizen, fondée en 1971, est devenue le plus important organisme de protection des droits des consommateurs et des citoyens au monde avec des bureaux dans 45 pays et plus de 22 millions de membres[14]. Cette organisation surveille constamment les projets de loi et les décisions des gouvernements dans le but d'attirer l'attention du public sur ceux qui peuvent potentiellement être source de controverse.

L'organisme a connu une progression fulgurante grâce au succès de sa campagne de financement annuelle dont le slogan était : « Vous n'avez pas le temps de surveiller toutes les décisions des gouvernements. Nous le faisons pour vous. » Cette campagne souligne les nombreux cas dans l'histoire où Public Citizen a dénoncé des mesures qui avantagent des industries, des sociétés ou des organisations au détriment du bien commun et les lois qui mettent en péril la santé et les intérêts économiques des citoyens. La campagne de financement rapporte en moyenne plus de 400 millions de dollars par année.

En 2025, la force sociale des organisations comme Public Citizen réside dans la participation active de leurs membres aux campagnes de chaînes de messages par courrier électronique. Les millions de membres de l'organisation expédient les courriels d'information de l'organisation à leurs amis et connaissances. Dans ces messages, on encourage ces derniers à faire de même et à retransmettre l'information à d'autres personnes.

En raison de la crédibilité de l'organisation Public Citizen auprès de la population, les messages ont des répercussions significatives. Le premier courrier électronique concernant la loi sur l'abolition des missiles nucléaires a atteint près de 50 millions de citoyens américains en moins de 24 heures. Le courriel contenait un message vidéo d'un ancien président et général de l'armée des États-Unis en faveur du désarmement nucléaire, ainsi qu'un document multimédia percutant sur les risques d'une catastrophe planétaire.

■ Une transparence rafraîchissante

Lorsqu'un citoyen accède au site officiel du gouvernement et s'apprête à enregistrer sa position pour ou contre un projet de loi comme celui de l'abolition des armes nucléaires, une fenêtre apparaît à l'écran avec la mention suivante : «Je, [nom du citoyen], déclare avoir pris le temps de considérer les arguments des parties qui sont pour et contre cette proposition : Oui ou Non. » Un lien à l'écran mène directement à une section d'information en format multimédia dont l'objectif est d'aider les citoyens à bien comprendre le projet de loi et les enjeux.

Selon la loi sur l'accès à l'information publique, qui est similaire dans l'ensemble des pays démocratiques en 2025, tous les documents, rapports, amendements, recommandations, débats, délibérations, positions et jugements officiels du gouvernement reliés au projet de loi doivent être disponibles en tout temps. Certaines exceptions s'appliquent, mais elles se font de plus en plus rares.

En 2025, la population s'attend à une transparence maximale de l'État. Les documents présentés par des organisations ou des individus à l'occasion d'auditions publiques sont également accessibles à tout le monde. Dans chaque cas, l'introduction mentionne les sources de financement de l'individu ou de l'organisation et quels intérêts il ou elle représente. Les documents sont classés de différentes façons : par exemple, une liste départage les documents pour ou contre la proposition et ceux qui proposent des amendements à la loi.

Dans le cas de projets de loi controversés comme celui de l'abolition des missiles nucléaires, les partis politiques au pouvoir produisent des documents multimédias, incluant des vidéos de qualité, dans le but de présenter leurs principaux arguments. Les documents multimédias produits par le Parti vert ont connu un succès retentissant auprès du public. On y retrouvait non seulement des documents qui exposaient les risques et les conséquences de catastrophes nucléaires à l'échelle de la planète, mais également une liste de milliers de personnalités respectées du public – dont plusieurs chefs d'entreprise, artistes et membres de différentes communautés religieuses – qui appuyaient le projet de loi. Puis un lien menait vers la brève déclaration vidéo de chacun. Sur le site, le public a également eu accès à des débats télévisés entre les représentants des différents partis politiques.

Au cours des années, le format de présentation de l'information touchant les projets de loi sur les sites Internet des gouvernements a été régulièrement testé au sein du public afin qu'on puisse vérifier la facilité d'utilisation et la compréhension des citoyens. Des modifications ont été apportées et, en 2025, le format de présentation est similaire dans presque tous les pays industrialisés. Même les formats des documents officiels des projets de loi ont été modifiés pour inclure des sections résumant les points essentiels, dans un langage que toute la population peut comprendre. L'ironie, c'est qu'au cours des années ces résumés ont été adoptés par les politiciens eux-mêmes, qui doivent constamment voter sur des centaines de projets de loi qu'ils ont rarement le temps d'analyser en profondeur.

Une fois qu'un projet de loi est approuvé, la section qui le concerne survit et tous les documents demeurent accessibles en permanence. La clarté, la transparence et l'accès universel à cette information ont des répercussions internationales. En effet, puisque les documents officiels sont facilement disponibles sur Internet, les politiciens et les fonctionnaires des gouvernements du monde entier ont automatiquement accès à une source d'information d'une valeur inestimable. Cet accès facile et rapide à l'information a considérablement augmenté la collaboration entre les fonctionnaires et les spécialistes. Le phénomène est le même chez les journalistes et les groupes de protection des droits des citoyens, qui, lorsqu'ils analysent un projet de loi, trouvent beaucoup plus rapidement des renseignements sur les solutions de rechange possibles.

■ Les sites Internet officiels des élections : des oasis démocratiques

Dans les principaux pays industrialisés, en 2025, chaque campagne électorale a son propre site Internet officiel. Ces sites utilisent le plein potentiel multimédia d'Internet et sont accessibles à l'aide d'un ordinateur ou d'un téléviseur.

Sur un site officiel des élections, les candidats et les partis politiques ont d'égales chances d'exposer leurs idées aux électeurs. Pour chaque circonscription électorale, une page d'accueil présente une photographie de tous les candidats en lice. Dans plusieurs pays, on retrouve deux liens sous chaque candidat : [Courte présentation] et [Section complète]. La courte présentation est le plus souvent un document vidéo dans lequel le candidat ou la candidate établit sa crédibilité et expose les principales raisons pour lesquelles les gens devraient voter pour lui ou pour elle. La section complète utilise habituellement la pleine capacité multimédia d'Internet pour présenter le profil du candidat, ses promesses électorales, son expérience, ses buts et ses objectifs. Les sections des candidats sont entièrement sous leur contrôle. La liberté d'expression est totale.

La plupart des candidats incluent des liens vers les reportages journalistiques qui les avantagent. Ils organisent des séances de questions et réponses avec les citoyens pendant lesquelles ils apparaissent à l'écran vidéo. Ces échanges sont enregistrés et les citoyens utilisent la liste des questions et des réponses pour accéder directement aux contenus qui les intéressent.

Une section du site officiel des élections est consacrée à la couverture de la campagne électorale par les médias. Tous les reportages journalistiques reliés à la campagne y sont présentés 24 heures sur 24. Les gens peuvent visionner les débats télévisés entre les candidats au moment de leur choix.

Les sites officiels des élections permettent aux candidats de se faire entendre malgré la cacophonie des médias de masse. En pleine campagne électorale, des messages publicitaires du gouvernement encouragent la population à consulter ces sites officiels. Les journalistes font régulièrement référence aux sections des différents candidats. La vidéo de qualité permet au public de voir et d'entendre les différents candidats s'exprimer sur différents enjeux sans être interrompus par des journalistes ou limités par le temps dans le cas de publicités télévisées. La plupart des candidats présentent un menu varié de sujets, incluant leurs promesses électorales qui mènent à des segments vidéo habituellement réalisés par des professionnels en communications et en relations publiques.

Depuis la création des sites Internet officiels des élections, la plupart des pays démocratiques ont institué des lois beaucoup plus sévères touchant les contributions électorales et la publicité. En 2025, dans tous les pays démocratiques sans exception, les contributions des sociétés et des organisations aux partis politiques et aux candidats sont formellement interdites, et des limites de dépenses publicitaires raisonnables sont imposées.

Pour avoir le droit de présenter sa candidature et être automatiquement inclus sur le site Internet officiel des élections, un candidat doit être appuyé par un nombre minimal de citoyens, qui varie selon les pays. Le processus est similaire pour les partis politiques. Ces appuis sont enregistrés par Internet et chaque citoyen a habituellement le droit d'appuyer un seul candidat par circonscription et un seul parti politique. En 2025, dans tous les pays démocratiques, les candidats et les partis politiques qui récoltent le minimum d'appuis requis obtiennent automatiquement une subvention électorale appréciable de la part du gouvernement.

En 2025, à cause d'Internet, les partis politiques qui possèdent moins d'argent que les autres réussissent tout de même à joindre les électeurs et à présenter leur programme. La situation est loin d'être parfaite, et les chances ne sont pas toujours égales, mais au moins les candidats et les partis politiques peuvent s'adresser aux électeurs directement sur leur ordinateur ou leur téléviseur sans nécessairement devoir passer par les médias de masse.

DE RETOUR AU CONTEXTE D'AUJOURD'HUI
Accélérer le développement du gouvernement en ligne

Les principaux pays industrialisés d'aujourd'hui éprouvent des difficultés à améliorer les services Internet de leurs différents paliers de gouvernement. Malgré les bonnes intentions et les millions de dollars investis, l'évolution est lente et beaucoup trop de services publics en ligne demeurent difficiles à utiliser et s'avèrent inefficaces. Cette réalité n'est pas surprenante, puisque nous ne sommes qu'au tout début de l'ère du gouvernement en ligne. Les technologies évoluent rapidement et les spécialistes en communication conventionnelle et les informaticiens en général commencent à peine à maîtriser les techniques de communication interactive et à réellement travailler en équipe.

Actuellement, certains responsables des services Internet des gouvernements des pays démocratiques parlent de la nécessité d'adopter le point de vue des personnes qui utiliseront ces services, notamment les citoyens. Cette approche est encourageante pour l'avenir, car elle confirme que les responsables des services publics en ligne ont bien compris que la nature même du média Internet nous oblige à nous imaginer à la place du public cible.

Actuellement, le principal problème est l'extrême rareté d'experts concepteurs de services publics en ligne. Ces spécialistes doivent non seulement maîtriser les communications interactives, mais également l'art de transformer des organisations et des processus de travail établis depuis plusieurs années. C'est un travail créatif complexe, exigeant des remises en question fondamentales allant jusqu'à la modification de la mission et du rôle de certains organismes publics et la définition de nouveaux modes de participation des citoyens dans le processus démocratique.

Les gouvernements devraient commencer par investir dans la formation de nouveaux concepteurs de services publics en ligne. Présentement, il n'existe pas de formation universitaire ou de cours privés spécifiquement dédiés à la formation de tels concepteurs pluridisciplinaires. La création de programmes de formation en collaboration avec le secteur privé permettrait d'accélérer et d'améliorer considérablement la qualité des services publics en ligne au cours des prochaines années. En parallèle, les gouvernements devraient mettre sur pied un site Internet où prévaudrait la collaboration dans le but de transformer les services publics partout dans le monde. Ce service Internet inclurait de multiples exemples de méthodes et d'approches qui ont connu du succès et d'autres moins. Les documents, particulièrement les cahiers définissant les nouveaux services publics en ligne, seraient accessibles gratuitement. Puisque tous ces documents seraient payés avec des fonds publics, ils devraient être publiés pour le bénéfice de tous les citoyens.

Les gouvernements du monde entier épargneront des centaines de millions de dollars et les services publics en ligne seront beaucoup plus efficaces à partir du moment où un deuxième problème fondamental sera réglé. Actuellement, il arrive souvent que le développement ou la mise en place d'un nouveau service public en ligne débute avant même que le plan du service soit complété et qu'une simulation du service soit effectuée avec de vrais utilisateurs. C'est la principale raison pour laquelle les budgets initiaux de projets Internet sont souvent largement dépassés. En fait, il s'agit tout simplement d'appliquer aux services publics en ligne les mêmes principes que dans le domaine de la construction. On ne commence jamais à construire un édifice avant d'en avoir complété les plans...

Cette obligation de commencer par imaginer et bien définir les futurs services publics en ligne en fonction de la perspective des êtres humains qui les utiliseront a toutes les chances du monde de diminuer considérablement les dépenses gouvernementales tout en générant un monde démocratique amélioré.

Chapitre 8

L'ÉCOLE À DOMICILE

*Une solution gagnante adoptée
par des millions de parents*

Dans les principaux pays industrialisés, des millions d'adolescents ne terminent pas leurs études secondaires. Parmi ceux qui persévèrent et se rendent jusqu'au bout, un grand nombre éprouvent de sérieuses difficultés en lecture, en écriture et en mathématiques. Plusieurs facteurs permettent d'expliquer ce phénomène social inquiétant. L'un des plus importants a été confirmé dans une récente étude sociologique américaine : ce déclin est causé en grande partie par la **diminution de l'intérêt des élèves** à l'égard de l'école et à leur **manque de motivation en classe.**

L'évolution rapide des ordinateurs, du multimédia et d'Internet a amené certains à croire que la technologie à elle seule contribuerait à rehausser le degré d'intérêt et de motivation des élèves. Les premières expériences effectuées en ce sens confirment qu'une telle intégration de la technologie nécessite une transformation en profondeur des méthodes d'enseignement ainsi que des investissements de plusieurs milliards de dollars pour brancher les écoles, produire des contenus multimédias de qualité et assurer la formation des centaines de milliers d'enseignants[15]. Puisque les budgets alloués à l'école publique sont déjà à leur limite, ou presque, le rêve d'une école branchée où les programmes d'apprentissage seraient adaptés aux besoins personnels des élèves prendra certainement quelques décennies à se concrétiser.

Au cours des années, les ministères de l'Éducation ont multiplié les projets de réforme scolaire avec plus ou moins de succès. Pas de doute, réussir une réforme scolaire est un projet de société qui va au-delà des murs de l'école. La collaboration et l'appui des parents sont essentiels si nous souhaitons réussir à modifier le comportement des enfants à l'égard des études. Le défi est grand ; il n'y a ni remède miracle ni solution facile ou rapide.

Pendant ce temps, de plus en plus de parents décident d'éduquer eux-mêmes leurs enfants à la maison et souhaitent ainsi les motiver au maximum. Le mouvement est particulièrement populaire aux États-Unis où on estime que tout près de deux millions d'enfants, soit 3 % du total des élèves américains, tirent avantage de l'enseignement à domicile. Des organisations indépendantes encouragent les parents en leur fournissant le matériel, le soutien et les examens. Le phénomène prend de l'ampleur ailleurs dans le monde, particulièrement au Canada, en Australie, en Angleterre, en Allemagne, au Japon, en Corée, en Nouvelle-Zélande et en Espagne[16].

Plusieurs de ces familles ont dû se battre contre les préjugés de la population et les tentatives de certains gouvernements d'obliger les enfants à fréquenter l'école publique. Aujourd'hui, des études indépendantes confirment que les enfants formés à la maison obtiennent en général des résultats supérieurs à la moyenne des jeunes de leur âge et réussissent très bien au collège et à l'université[17]. Ils ne semblent pas éprouver de difficulté à s'intégrer socialement, car ils participent activement à des activités sportives, culturelles et sociales au sein de leur communauté. Évidemment, rien ne prouve que ces mêmes enfants n'auraient pas réussi tout aussi bien, sinon mieux, à l'école publique, mais il n'en demeure pas moins que l'école à domicile semble faire son chemin. Et ses preuves.

SCÉNARIO DU FUTUR
L'école à domicile : un marché très lucratif

Nous sommes en 2025. Dans les pays industrialisés, plus de huit millions d'enfants de langue anglaise et trois millions additionnels, toutes autres langues confondues, sont éduqués à la maison par leurs parents durant leurs études primaires et secondaires. De ce nombre, près de 80 % sont affiliés au centre d'enseignement virtuel International Home Education Network, ou le Réseau international d'éducation à la maison. Cette société à but lucratif, dont le chiffre d'affaires annuel s'élève à plus de 14 milliards de dollars en 2025, fournit du matériel scolaire multimédia en cinq langues aux enfants de 0 à 17 ans.

En 2025, les gouvernements des pays industrialisés reconnaissent que l'éducation à domicile est une solution de rechange éprouvée, et des tests d'évaluation standard ont été mis au point par les différents ministères de l'Éducation pour vérifier si chaque enfant éduqué à la maison reçoit une formation suffisante et adaptée à ses besoins.

Les familles abonnées au service du Réseau paient en moyenne 75 $ par enfant par mois pour l'enseignement primaire et secondaire, ce qui rapporte près de 8 milliards de dollars par année à l'organisation. L'autre source importante de revenus de l'organisation provient du matériel éducatif destiné aux enfants de moins de 5 ans.

◼ Le développement de la capacité intellectuelle des enfants âgés de 0 à 5 ans

Dès sa création, le Réseau international d'éducation à la maison s'est donné pour mission d'aider tous les parents à stimuler le développement intellectuel de leurs enfants à partir de la naissance jusqu'à l'âge de cinq ans. En 2025, le matériel du Réseau pour les jeunes de moins de cinq ans est beaucoup plus populaire que le matériel utilisé pour les élèves du primaire et du secondaire. En effet, plus de 75 millions de familles dans le monde sont abonnées à son service de formation préscolaire.

Dans une présentation multimédia, on explique aux parents comment le Réseau a réuni des centaines d'experts du monde entier afin de mettre sur pied un programme reposant exclusivement sur les meilleures connaissances disponibles quant au développement intellectuel des enfants. Le programme offre une variété d'activités et de contenus adaptés aux différents groupes d'âge pour des matières comme la lecture, la musique, les arts plastiques, les sports, ainsi que des jeux sur la découverte de l'entourage et de l'environnement et favorisant l'acquisition de nouvelles connaissances.

Les activités de lecture sont de loin les plus importantes du programme. Presque tous les parents mettent en application la recommandation des experts du Réseau, soit de faire lire leurs enfants au moins 30 minutes par jour, et de commencer à faire la lecture aux bébés bien avant l'âge de un an. À partir de livres électroniques portables, les parents ont le choix parmi des centaines d'histoires créées pour chaque groupe d'âge. Chaque histoire sert de base à une expérience d'apprentissage contenant une variété d'activités et de jeux éducatifs animés ou sur support vidéo.

L'organisation a investi des centaines de millions de dollars pour créer des personnages animés qui sont devenus aussi populaires que ceux imaginés par Walt Disney. Des acteurs de renom ont été embauchés pour enregistrer les voix des personnages en question. Les consignes pour les parents de même que le contenu des histoires sont traduites en plusieurs langues. Les personnages animés invitent les parents et les enfants à participer activement à l'expérience, à lire, à réagir, à parler, à chanter, à deviner, à faire des choix et à décider du déroulement de l'histoire. Les histoires amènent presque toujours les parents et les enfants à rire ensemble.

Ces histoires servent d'aide à l'apprentissage de l'alphabet, des chiffres, des couleurs, des formes, des sons et, petit à petit, du plus grand nombre de mots et de connaissances générales leur permettant d'apprendre et de comprendre plus facilement. Des millions de familles dans le monde utilisent le programme d'apprentissage des langues secondes, en particulier celui de l'anglais. Des enfants du monde entier abonnés au Réseau se parlent en vidéoconférence et participent collectivement à des activités et à des jeux d'apprentissage des langues secondes.

Pour prendre part au programme de développement intellectuel des enfants, les parents peuvent devenir membres de l'organisation pour un montant minime de cinq dollars par mois, qui leur donne accès à tout le matériel destiné aux moins de cinq ans, ou payer à la pièce (de 25 cents à 1 dollar) pour certaines catégories d'histoires et d'exercices. Le programme pour les moins de 5 ans rapporte au Réseau près de 4 milliards de dollars de revenus par année. Une grande part du succès de cette organisation provient du fait que la majorité des pédiatres des pays occidentaux recommandent le service aux parents lors des examens médicaux des enfants.

En 2025, malgré le succès phénoménal que remporte l'organisation avec son programme destiné aux moins de cinq ans, de 94 % à 99 % des parents des principaux pays industrialisés inscrivent leurs enfants à l'école publique ou privée. Les sondages auprès du public indiquent que dans la majorité des pays, environ 20 % des mères et

1 % des pères qui travaillent à temps plein choisiraient de rester à la maison pour éduquer eux-mêmes leurs enfants s'ils avaient les moyens financiers de le faire.

▨ L'enseignement adapté aux différents types d'intelligence

En 2025, les enfants formés à la maison ne passent pas leur temps devant un écran d'ordinateur. Les parents participent activement à l'expérience d'éducation de leurs enfants en les guidant, en leur enseignant certaines notions et en organisant des activités d'apprentissage adaptées à leurs besoins particuliers.

Au cours des années, le Réseau a fait appel à de nombreux experts pour adapter les exercices et les activités d'apprentissage en fonction des différents types d'intelligence chez les êtres humains. Depuis le début du siècle, ces théories ont grandement évolué, et le Réseau a investi des centaines de millions de dollars en recherche et développement pour adapter ces théories à ses programmes d'enseignement.

Par exemple, en mathématiques, le programme de l'enseignement des additions propose différentes approches. Pour les enfants qui comprennent facilement les explications verbales, chaque exercice contient une explication vidéo présentée par des professeurs-acteurs qui ont été sélectionnés en fonction de leur charisme auprès des enfants. Chaque segment d'explication fait l'objet de tests qui permettent de vérifier si les enfants comprennent vraiment ce qu'ils étudient. Des dizaines de millions de dollars sont investis chaque année dans le but d'ajuster et d'améliorer ces explications. Pour les enfants, c'est l'équivalent d'avoir accès, en tout temps et à la demande, aux explications de l'un des meilleurs professeurs du monde. Dans tous les cas, les enfants contrôlent les contenus vidéo ; ils peuvent revenir au début, sauter d'une section à une autre, ou encore avancer ou reculer en vitesse rapide.

Aux enfants dont l'intelligence est davantage caractérisée par la logique mathématique, les explications utilisent davantage des animations vidéo qui permettent de visualiser rapidement les nombres dans différents contextes. Aux enfants qui apprennent plus facilement par manipulation, un extrait vidéo les invite à manipuler des objets spécialement conçus pour l'apprentissage des mathématiques. Selon les types d'intelligence, ces adaptations sont effectuées pour toutes les matières et les élèves doivent utiliser les différents types d'apprentissage pour développer leurs différentes capacités intellectuelles.

Les programmes du Réseau sont particulièrement efficaces pour l'apprentissage de la lecture et de l'écriture chez les enfants de cinq à huit ans. Des études ont démontré que les jeunes formés à la maison apprennent plus rapidement, non seulement à cause de la qualité exceptionnelle des programmes du Réseau, mais surtout en raison du nombre d'heures de lecture et d'écriture imposé chaque jour par les parents. Le principal avantage de l'école à domicile par rapport à l'école publique, c'est d'ailleurs d'avoir un enseignant affecté entièrement à deux, trois ou cinq enfants, comparativement à un enseignant qui doit s'occuper de 20 à 30 élèves quelques heures par jour.

Une autre grande force du Réseau tient au **soutien exceptionnel offert aux parents.** Tous les exercices et les activités leur sont expliqués clairement à l'aide de documents multimédias qui contiennent des segments vidéo et des animations de très grande qualité. Des examens et des points de contrôle permettent aux parents de s'assurer que leurs enfants remplissent les exigences et progressent normalement. Les parents ont également droit à un nombre déterminé d'heures de consultation en vidéoconférence avec des spécialistes du Réseau.

▪ Des cours de sciences de rêve

En 2008, le Réseau s'est donné pour objectif de créer « les meilleurs cours de sciences imaginables ». Deux équipes, regroupant les meilleurs concepteurs de matériel éducatif multimédia du monde, ont chacune été mandatées pour mettre au point un nouveau modèle d'enseignement des sciences qui fasse appel à la créativité, qui soit dynamique et passionnant. Le budget de plus d'un milliard de dollars leur a permis d'embaucher et de consulter les meilleurs théoriciens et spécialistes disponibles pour imaginer et produire ces cours avancés. Les équipes ont disposé d'une période de trois ans pour mettre en œuvre des prototypes élaborés et les tester sur de vrais élèves.

Au bout des trois années, le Réseau a sélectionné une des deux approches tout en conservant quelques bonnes idées et concepts imaginés par les concepteurs de l'approche qui n'a pas été retenue. Un programme détaillé de l'enseignement des sciences a été élaboré et la production d'une série de cours interactifs a débuté. De 2011 à 2025, le Réseau a investi la somme incroyable de 3,7 milliards de dollars dans le domaine de l'enseignement des sciences seulement.

Depuis 2015, les élèves à domicile utilisent le nouveau programme « Sciences intégrées » du Réseau. Avec ce programme, il n'y a plus de cours de chimie ou de physique, car diverses expériences et démonstrations intègrent ces disciplines. Par exemple, un des modules les plus populaires chez les adolescents de 12 à 17 ans touche la découverte du monde sous-marin. Des équipes professionnelles d'exploration ont collaboré au tournage de segments vidéo au fond des mers et des océans un peu partout dans le monde. Chaque enfant doit passer 12 niveaux d'apprentissage. À chaque niveau, des étapes et des exercices touchent les notions de biologie, de physique, de chimie, de sciences naturelles, de mathématiques, de géographie et d'histoire. Chaque programme d'enseignement du Réseau comporte des objectifs d'apprentissage bien définis et des examens interactifs dans le but de vérifier si les élèves ont atteint les objectifs. Chaque enfant peut avancer à son propre rythme et choisir parmi de multiples options, mais plusieurs exercices et leçons sont obligatoires.

Par exemple, au niveau 1, les enfants se familiarisent avec l'équipement d'exploration sous-marine et l'équipement des laboratoires scientifiques virtuels qui sont à leur disposition. Les élèves utilisent des appareils de simulation dans le but d'effectuer leurs travaux. Le microscope électronique virtuel permet aux enfants d'analyser des milliers d'espèces végétales et animales et d'avoir accès à des exercices et à des explications en biologie. Des milliers d'espèces marines ont vraiment été placées sous le microscope et enregistrées en images vidéo à haute définition. Le simulateur permet aux enfants de contrôler le microscope comme s'ils avaient vraiment placé eux-mêmes chaque espèce sous la lentille de l'appareil.

Un véhicule d'exploration sous-marine virtuel donne aux enfants la possibilité d'explorer plus d'une centaine de fonds marins. Ces images ont été enregistrées à partir de véritables sous-marins scientifiques avec des caméras vidéo situées dans sept hublots dans le but de reproduire une vision à 360 degrés. À partir de ces images, des systèmes de réalité virtuelle ont été conçus. Les élèves utilisent des lunettes spéciales et contrôlent le sous-marin à l'aide d'un système de pilotage automatique relié à l'ordinateur. Dans ces explorations, l'élève n'a qu'à toucher une espèce végétale, animale ou minérale pour accéder immédiatement aux meilleures connaissances disponibles concernant cette espèce, et ce, dans un langage adapté à son âge. Dans le programme d'éducation du Réseau, l'acquisition de nouvelles connaissances et la compréhension sont toujours intégrées aux apprentissages.

Les créateurs des cours de sciences ont également intégré des notions de protection de l'environnement et ont basé plusieurs explications et exercices sur des phénomènes de pollution et de désastres écologiques causés par l'homme. Par exemple, des notions de physique concernant le poids de l'eau comparativement aux autres matières sont expliquées à l'aide de différents exemples de pollution de l'eau faite par les industries, l'agriculture, les grandes fermes d'élevage d'animaux, les engrais chimiques, les déversements de pétrole, etc.

Un cours complet explique l'impact des dépotoirs de déchets domestiques sur la pollution de l'eau potable. Cet exemple expose des notions de géologie portant sur le cheminement de l'eau sous la terre, des notions de chimie sur la décomposition de certaines matières et les mélanges toxiques qui en découlent. Des notions de physique sont expliquées à l'aide de molécules en trois dimensions. Les élèves peuvent simuler différentes formes de pollution et observer les modifications.

Dès leur introduction, en 2015, les cours de sciences du Réseau ont éveillé la passion des jeunes éduqués à la maison. Très rapidement, les ministères de l'Éducation de partout dans le monde se sont mis à analyser ces cours pour finalement conclure que ce matériel était largement supérieur à celui utilisé dans les écoles publiques. Les cours de sciences du Réseau ont donc été adaptés pour l'enseignement dans les écoles publiques et, en 2025, de plus en plus d'écoles des pays industrialisés les adoptent. En outre, le Réseau a adapté le matériel de ses modules de sciences pour le grand public. Des centaines de milliers d'adultes portent leurs lunettes de réalité virtuelle pour explorer des merveilles comme les fonds marins, les forêts amazoniennes, les pyramides égyptiennes, l'intérieur du corps humain et des cellules microscopiques.

■ Des cours favorisant la collaboration, la pensée critique et la citoyenneté active

Certains modules de sciences et d'autres disciplines sont directement liés au programme d'enseignement permettant l'apprentissage de la collaboration, de la pensée critique et de la citoyenneté active. Par exemple, dans le cadre des apprentissages reliés au monde sous-marin, les enfants inscrits au Réseau participent à un exercice commun, soit l'analyse de l'état de la pollution de l'eau et la recherche des principales sources de pollution. Les enfants emploient l'équipement de laboratoire fourni par le Réseau pour analyser la qualité de l'eau dans leurs régions respectives. Ils enquêtent ensuite sur les principales sources de pollution de leurs régions.

Les données recueillies sont enregistrées dans une base de données mondiale du Réseau visant à surveiller les indices de pollution et de santé de la planète. Cette base de données a été surnommée «Vaisseau spatial Terre» en mémoire de Buckminster Fuller, en référence à son livre *Manuel d'instruction du Vaisseau spatial Terre*, traduit en plusieurs langues[18]. Ce génial inventeur a toujours rêvé de voir les enfants et les adultes travailler en collaboration et se servir des sciences pour trouver des solutions concrètes à des problèmes comme la pollution ou la famine, ou des moyens de construire des habitations à prix modique, des véhicules motorisés moins polluants, etc.

Parallèlement à ces exercices, les élèves âgés de 15 à 17 ans apprennent graduellement à faire évoluer leur pensée critique. La base de ces cours consiste à apprendre à trouver et à distinguer les sources d'information les plus fiables parmi toutes celles qui existent. Dans le cas du monde sous-marin, le programme présente de nombreux exemples de dossiers, rapports et documents réels produits par une variété de sources plus ou moins objectives. Par des travaux individuels et en équipe, les adolescents apprennent à chercher des sources d'information sur Internet et à repérer les indices de fiabilité, comme la source de financement et les groupes d'intérêts représentés par les producteurs des contenus. Par exemple, sur un site Internet d'activistes contre la pollution engendrée par les grandes entreprises, les élèves doivent trouver des exemples d'exagérations et d'énoncés gratuits qui ne sont pas soutenus par des faits scientifiques.

Ils doivent également consulter des sites de différents gouvernements et trouver des rapports d'auditions publiques sur des questions liées à la pollution de l'eau. Dans ces rapports, les élèves doivent analyser les présentations de différentes organisations qui ont présenté leur point de vue au gouvernement. Ils doivent apprendre à reconnaître comment chaque organisation tente habituellement de manier les faits scientifiques, les données et les chiffres pour protéger ses propres intérêts. Par exemple, les fabricants d'engrais, d'herbicides et de pesticides chimiques essaient habituellement de démontrer que leurs produits sont essentiels pour l'agriculture et que ces produits ne sont pas aussi toxiques que certains « experts » le prétendent. Les élèves doivent souligner les passages dans lesquels les organisations jouent avec les mots et les données.

Un des volets les plus importants du programme d'éducation à domicile touche la **citoyenneté active,** soit l'apprentissage des façons de surveiller les décisions des différents paliers de gouvernement et d'intervenir dans le processus démocratique lorsque cela est jugé nécessaire. Un cours en format multimédia présente de nombreux exemples réels où des groupes d'individus ou des organisations ont monté des dossiers étoffés et sont parvenus à influencer les gouvernements et à créer de nouvelles lois de protection de l'environnement.

D'autres exemples permettent d'expliquer comment des citoyens et des organismes se sont opposés avec succès à des projets de loi dont le but était de protéger les intérêts de grandes sociétés ou d'organisations au détriment de la santé et du bien publics. Les adolescents doivent ensuite trouver un vrai problème de pollution dans leur région, leur pays ou sur la planète, trouver une solution et définir un plan d'action pour influencer les gouvernements. Ils doivent produire un document multimédia et le faire parvenir à des dizaines de milliers d'élèves du Réseau pour tenter de les convaincre de joindre leurs rangs soit pour proposer de nouvelles lois ou pour renverser les décisions du gouvernement.

Ces cours portant sur l'apprentissage de la collaboration, de la pensée critique et de la citoyenneté active sont conçus pour être consultés et utilisés tant par les adolescents que les adultes, et ce, durant toute leur vie.

■ L'importance d'une vie sociale équilibrée

L'une des principales critiques ou craintes par rapport à l'éducation à domicile est le risque d'un manque de socialisation des enfants. Le programme d'éducation à domicile du Réseau accorde donc une importance primordiale aux activités sociales des enfants au sein de la communauté.

Pour commencer, les parents du Réseau sont encouragés à initier leurs enfants à pratiquer des activités sportives sur une base régulière, préférablement des sports d'équipe. En l'an 2012, des parents du Réseau ont proposé de créer une alliance avec l'association d'origine américaine appelée The National Alliance for Youth Sports (L'alliance nationale pour les sports de jeunesse)[19]. Cette organisation, fondée en 1981 et présente dans des milliers de communautés, vise l'élimination d'attitudes violentes chez les joueurs, les instructeurs et les parents dans les sports d'équipe. Entre autres mesures préventives, les instructeurs n'ont pas le droit de crier lorsqu'ils s'adressent aux joueurs et aux arbitres, et les parents doivent absolument signer un contrat stipulant qu'ils vont respecter des règles d'esprit sportif tout au long de la saison et adopter une attitude positive dans les estrades. Les enfants des parents qui ne signent pas le contrat ne peuvent tout simplement pas jouer.

En 2025, plus de 95 % des garçons et des filles éduqués à la maison participent à des activités sportives individuelles ou de groupe en compagnie d'autres jeunes de leur âge qui fréquentent l'école publique. De nombreux parents du Réseau sont des membres des comités de direction des clubs sportifs, des instructeurs ou des bénévoles.

Le programme d'enseignement du Réseau a également adopté le principe de l'organisation des écoles internationales, qui oblige leurs élèves à s'impliquer au sein de leur communauté en participant bénévolement à des activités ou à des travaux communautaires. À partir de l'âge de 12 ans, chaque enfant du Réseau doit choisir lui-même une cause ou un besoin dans sa communauté, comme rendre des services à des personnes âgées dans les centres d'accueil, participer à des campagnes de financement pour des causes comme le cancer ou garder les enfants de familles monoparentales défavorisées.

En 2025, des études sociologiques confirment que presque tous les enfants éduqués à la maison par leurs parents n'éprouvent aucune difficulté à s'intégrer au sein de la société au cours de leur enfance et, par la suite, au collège, à l'université et sur le marché du travail.

Ces enfants éduqués à domicile ne sont plus les seuls à passer plus de temps à la maison, car de nombreuses écoles publiques ont adopté des programmes d'enseignement aux horaires souples qui permettent aux élèves d'effectuer une partie de leurs apprentissages à domicile lorsque leurs parents sont présents. Puisque les parents ne travaillent plus nécessairement du lundi au vendredi, ces écoles profitent des technologies de la nouvelle génération d'Internet pour permettre aux familles d'organiser elles-mêmes leurs horaires. Dans ces écoles publiques qui, en 2025, semblent la voie du futur, on retrouve de plus en plus d'enfants qui partagent moitié-moitié leurs heures d'apprentissage scolaire entre l'école et la maison. Dans les quartiers où de telles écoles existent, il est très fréquent de voir des enfants du Réseau participer à certains cours à l'école publique et être très actifs dans les activités parascolaires.

En 2025, les études sociologiques ne sont pas nécessaires pour constater que les enfants qui partagent leur temps entre l'école et la maison sont plus motivés, plus éveillés et plus souriants que l'étaient leurs parents lorsqu'ils fréquentaient l'école conventionnelle.

DE RETOUR AU CONTEXTE D'AUJOURD'HUI
Imaginer l'école publique du futur

Enseigner à ses propres enfants à la maison exige un dévouement et une persévérance exceptionnels de la part des parents. Les familles monoparentales ne peuvent pas se le permettre; les femmes et les rares hommes qui choisissent cette avenue doivent le plus souvent mettre leur carrière en veilleuse. L'enseignement à domicile connaîtra sûrement une croissance au cours des prochaines décennies, mais cette pratique ne risque certainement pas de remplacer l'école publique dans un proche avenir.

Actuellement, nous consacrons des milliards de dollars à la recherche spatiale et au développement de nouvelles technologies de guerre toujours plus sophistiquées. Quel objectif social est le plus important : analyser la surface de la planète Mars, concevoir des avions de guerre encore plus destructeurs ou développer les approches pédagogiques du futur ? Si nous tenions un référendum sur la question, le public accorderait sûrement une plus grande importance à la recherche et au développement dans le monde de l'éducation, non seulement du futur, mais d'abord et avant tout dans le monde d'aujourd'hui.

De nombreux projets de réforme scolaire sont actuellement en cours un peu partout dans le monde. Ces programmes complexes doivent tenir compte de l'ensemble des réalités, des défis et des problèmes qui touchent l'enseignement public, dont la pauvreté, la violence, les multiples nationalités, langues et religions, le manque d'implication des parents dans l'éducation de leurs enfants, les problèmes d'apprentissage particuliers de millions d'enfants, les structures administratives, les syndicats des enseignants, les budgets limités, le ratio de 20 à 30 élèves par enseignant, et plusieurs autres. Dans ce contexte, Internet et les autres technologies de communication interactive sont pris en considération, mais demeurent un élément du puzzle parmi les autres.

En parallèle à ces efforts de réforme nécessaires, nous devrions accorder des budgets considérables à la recherche et au développement de différents modèles d'éducation du futur. Comme dans le cas de la recherche spatiale, différents pays industrialisés devraient se partager le financement. Nous devrons nous consacrer aux tâches suivantes :

- Confier la mission d'imaginer l'école de l'an 2025 à quatre ou cinq équipes pluridisciplinaires indépendantes.

- Accorder à chacune d'elles un mandat sans restrictions, soit le droit de tout remettre en question et de tout redéfinir.

- Définir les objectifs de l'enseignement et quels types de compétences, d'habiletés et de connaissances nous voulons transmettre aux élèves.

- Repenser la relation enseignant-élève dans un contexte où ce n'est plus nécessairement l'enseignant qui transmet des connaissances devant la classe et contrôle le rythme d'apprentissage.

- Élaborer des façons d'éveiller la passion des jeunes, être en mesure de cibler les intérêts, les forces et les faiblesses de chaque élève et travailler en fonction de ceux-ci.

- Modifier fondamentalement l'environnement de la classe et l'organisation générale et administrative des écoles, des commissions scolaires et des ministères.

En utilisant les technologies de la prochaine génération d'Internet qui existent déjà en laboratoire dans plusieurs universités, nous devrions investir des centaines de millions de dollars dans le développement de nouveaux contenus pédagogiques interactifs auxquels les étudiants pourraient avoir accès tant à l'école qu'à la maison.

Nous devrions ensuite investir des sommes considérables pour tester les nouvelles approches qui semblent les plus prometteuses au sein de différents types de communautés. De véritables laboratoires où toutes les familles des élèves auraient accès à Internet à très haute vitesse et aux équipements informatiques, ce qui permettrait non seulement aux enfants de fonctionner à domicile, mais également aux parents d'être mieux informés et plus engagés dans l'éducation de leurs enfants. Évidemment, le défi serait beaucoup plus grand dans les quartiers très pauvres, d'où l'importance de développer des modèles d'éducation publique de l'avenir qui tiennent compte des multiples réalités économiques et sociales.

Pour réussir à envoyer des hommes sur la Lune, nous avons regroupé les meilleurs cerveaux qui soient et accordé des budgets faramineux. Nous devrions faire de même pour imaginer et développer l'enseignement public du futur, celui-là même qui réussira à motiver les jeunes à l'école et qui produira des citoyens responsables mieux équipés pour s'adapter au changement et mener une vie saine et équilibrée au sein de leur communauté.

CONCLUSION

*Créer un centre mondial de formation
en communication interactive*

« Une révolution technologique transforme actuellement notre
société en profondeur. Bien exploitées et bien orientées, les
technologies de l'information et de la communication peuvent améliorer
tous les aspects de notre vie sociale, économique et culturelle. »
Kofi Annan, *Secrétaire général des Nations Unies*

En 1980, personne ne pouvait prévoir l'explosion phénoménale
d'Internet au cours des années 90. L'introduction du Apple Macintosh,
en 1984, était loin de laisser présager que les ordinateurs personnels
se retrouveraient, moins de 20 ans plus tard, dans autant de foyers et
que la transmission de documents multimédias et les transactions en
ligne seraient aussi accessibles. Notre attitude est bien différente au
début du XXIe siècle. Nous imaginons beaucoup plus facilement comment la société de l'information pourrait transformer notre vie
sociale, culturelle et économique d'ici l'an 2025.

Le **Sommet mondial sur la société de l'information,** organisé par les Nations Unies en 2003 et 2005, rassemble les nations et les principaux organismes privés et publics impliqués dans l'évolution d'Internet. Son objectif : élaborer un plan d'action mondial touchant de nombreux thèmes et enjeux, tels que l'égalité d'accès à Internet peu importe le revenu, la protection de la diversité culturelle et linguistique, l'accès à l'information et aux connaissances, l'amélioration de la qualité de l'enseignement, la sécurité de l'information, la cybercriminalité, la liberté d'expression, l'avenir des droits d'auteur, la sécurité internationale, la protection des consommateurs, l'élaboration de normes internationales, le cybergouvernement, le e-commerce, la cybersanté et plusieurs autres[20]. Encourageante, cette collaboration internationale montre clairement l'importance que presque tous les pays accordent à l'évolution d'Internet.

Parmi toutes les actions que nous pouvons imaginer dans le but de profiter pleinement des technologies de la prochaine génération d'Internet, une initiative m'apparaît plus importante que toutes les autres : **créer un centre mondial de formation en communication interactive.** Si nous voulons bénéficier, en l'an 2025, de contenus et de services Internet remarquables, nous devons commencer dès aujourd'hui à investir dans la formation de ceux qui les concevront et les réaliseront.

Actuellement, les professionnels du monde d'Internet, des communications et de l'informatique éprouvent une très grande difficulté à obtenir les informations et à acquérir les connaissances et la formation dont ils ont besoin pour concevoir et développer des services Internet de qualité. L'enseignement universitaire a pris un retard considérable par rapport aux besoins des organisations privées et publiques dans le domaine d'Internet et de la communication interactive. La formation offerte par l'entreprise privée et les nombreux colloques et conférences touchant Internet comblent seulement une parcelle des besoins des professionnels en communication et en informatique.

Concevoir et développer des services Internet d'envergure qui transforment les processus de travail des employés d'une grande organisation nécessite de solides connaissances dans des dizaines de spécialités. L'expertise la plus fondamentale est celle permettant de concevoir des services Internet en fonction du processus mental des utilisateurs. Mais ce n'est pas tout : ce type de projet exige également des spécialisations en conception de documents multimédias, en organisation logique et en mise à jour de milliers de contenus, en gestion globale de projet (pour coordonner le travail de centaines de personnes tout en respectant les budgets et les échéanciers), en protection des informations personnelles, etc. L'énumération des sphères de compétences pourrait se poursuivre sur quelques pages, d'autant plus qu'on doit y ajouter les multiples considérations et spécialités informatiques et technologiques, qui évoluent constamment.

Aucune université au monde n'a les ressources et les moyens financiers pour créer et soutenir elle-même une formation de première qualité dans tous les domaines d'expertise reliés à Internet.

IMAGINER UN NOUVEAU MODÈLE D'ENSEIGNEMENT UNIVERSITAIRE

Créer un centre mondial de formation en communication interactive serait une occasion idéale pour inventer un nouveau modèle d'enseignement universitaire : un système d'éducation qui intégrerait la participation des universités et de l'entreprise privée pour offrir une formation continue tout au long du parcours professionnel des individus. Un modèle d'éducation totalement renouvelé dans lequel les cours et les multiples sources d'information et de connaissances seraient accessibles à tous les étudiants et travailleurs en communication interactive du monde.

À l'heure actuelle, les universités se font concurrence. Chacune tente d'attirer les meilleurs professeurs, lesquels réservent leurs services aux étudiants de l'institution qui les emploie. Le modèle du centre mondial de formation en communication interactive serait basé sur la collaboration, voie du futur en éducation, plutôt que sur la concurrence. Les cours en communication interactive seraient conçus et réalisés de manière à pouvoir être adoptés par toutes les universités qui désireraient s'affilier au programme et collaborer activement à son évolution et à son amélioration.

Les étudiants sur les campus ou à l'externe effectueraient la majeure partie de leurs apprentissages à leur propre rythme à partir de modules multimédias et de savoirs diffusés par Internet. Ces cours multimédias ne seraient pas des enregistrements de professeurs qui parlent à l'écran, mais bien des documents originaux et dynamiques produits avec la participation active des meilleurs spécialistes en communication interactive de plusieurs pays.

Une variété de modules seraient disponibles sur tous les sujets et dans toutes les sphères d'activité, selon le niveau d'expertise et les besoins des étudiants et des travailleurs de l'industrie. Certains modules pourraient être consultés en quelques minutes ou quelques heures ; d'autres seraient conçus comme des cours à suivre durant plusieurs jours ou semaines, avec l'aide, ou non, de professeurs, de professionnels et de chargés de cours, en personne ou en mode virtuel sur Internet. Le facteur humain occuperait une place importante dans le processus d'apprentissage.

La création d'un tel centre mondial de formation en communication interactive **pourrait devenir l'un de nos meilleurs investissements de l'histoire.** En soutenant les centaines de milliers de travailleurs en communication et en informatique du monde, le centre aurait des répercussions dans toutes les organisations privées et publiques de la planète. Des milliards de dollars pourraient être épargnés dans le secteur des services publics en ligne et ce, uniquement par l'enseignement de meilleures pratiques et de meilleures méthodologies de travail.

Puisqu'il s'agirait d'un environnement universitaire, les enseignements ne se limiteraient pas à l'apprentissage de nouvelles techniques et approches, mais s'étendraient à l'analyse des multiples impacts sociaux, culturels et économiques d'Internet. Le centre de formation mondial en communication interactive serait le principal endroit du globe où trouver les meilleures informations et acquérir les connaissances de pointe dans tous les secteurs d'activité et toutes les industries, sur tous les sujets et thèmes couverts par le Sommet mondial sur la société de l'information des Nations Unies.

L'existence d'une telle banque mondiale de connaissances consacrée à Internet encouragerait les gouvernements et les organisations privées et publiques à investir davantage dans la conception de scénarios du futur qui serviraient à mieux orienter nos actions et nos interventions au cours des prochaines décennies.

LECTURES SUGGÉRÉES

Au cours des années, de nombreux livres m'ont inspiré et m'ont aidé à développer ma propre vision du futur. Je vous conseille fortement les titres suivants. Comme certains sont moins récents, bien que très actuels, vous serez peut-être heureux de connaître cette adresse, idéale pour acheter les livres usagés sur Internet: www.abebooks.com.

■ ORWELL, George. *NINETEEN EIGHTHY-FOUR (1984),* LONDON, SECKER & WARBURG, 1949. ÉGALEMENT DISPONIBLE EN FRANÇAIS SOUS LE MÊME TITRE : *1984.*

Ce roman de science-fiction publié pour la première fois en 1949 conserve toute sa pertinence au XXIᵉ siècle. Ponctué d'expressions devenues célèbres, telles que « *War is Peace* », « *Ignorance is Strength* » et « *Doublethink* », il nous porte à réfléchir sur les événements comme la guerre en Irak et la manipulation de l'information dans le but d'influencer l'opinion publique.

■ FULLER, BUCKMINSTER. *CRITICAL PATH*, NEW YORK, ST.MARTIN'S PRESS, 1981.

Un livre qui présente l'histoire de l'humanité dans une perspective unique. (Le chanteur Sting fait l'éloge de cette histoire du monde sur la pochette de son disque *Nothing Like the Sun*.) L'ouvrage inclut les principales idées de cet inventeur génial qui a passé sa vie à expliquer comment nous pourrions vivre en harmonie avec la nature et procurer un niveau de vie supérieur à tous les habitants de la planète, et ce en moins de 10 ans. Véritable visionnaire, Buckminster Fuller est notamment l'inventeur du dôme géodésique ; il a été l'architecte du dôme qui abritait le pavillon des États-Unis à l'occasion de l'exposition universelle de Montréal, en 1967, et dont on peut encore admirer l'imposante structure sur l'île Sainte-Hélène.

■ ELLUL, JACQUES. *LE BLUFF TECHNOLOGIQUE*, PARIS, HACHETTE, 1988.

Un ouvrage qui nous force à réfléchir sur les impacts de la technologie sur la société en général. Jacques Ellul illustre clairement comment la technologie nous « est dorénavant présentée expressément à la fois comme la seule solution à tous nos problèmes collectifs (le chômage, la misère du tiers-monde, la pollution, la menace de guerre) ou individuels (la santé, la vie familiale), et à la fois comme la seule possibilité de progrès et de développement pour toutes les sociétés. » Le chapitre intitulé *L'univers du gadget* est particulièrement éclairant.

■ CHOMSKY, NOAM. *POWERS AND PROSPECTS : REFLECTIONS ON HUMAN NATURE AND THE SOCIAL ORDER*, CAMBRIDGE, MA, U.S.A., SOUTH END PRESS, 1996. (DISPONIBLE EN VERSION FRANÇAISE SOUS LE TITRE *LE POUVOIR MIS À NU*.)

À sa façon unique, Noam Chomsky explique clairement les côtés noirs de la politique internationale américaine à travers l'histoire. L'auteur expose comment des interventions de la superpuissance ont détruit des démocraties et miné les droits de la personne. Ce livre constitue également un tour d'horizon de la pensée de Chomsky, célèbre linguiste du Massachusetts Institute of Technology (MIT).

■ RAMPTON, Sheldon, et STAUBER, John. *Trust us, We're Experts ! — How Industry Manipulates Science and Gambles with our Future*, New York, Tarcheer/Putnam, 2001.

Un bijou qui démontre très clairement comment les grandes industries dépensent des millions de dollars en relations publiques pour influencer l'opinion publique. Rampton et Stauber multiplient les exemples de stratégies développées par « l'industrie de la désinformation » : biotechnologie, cigarette, énergie nucléaire, bœuf (vache folle), fast-food, organismes génétiquement modifiés, pétrole, automobile, etc.

■ SCHWARTZ, Peter. *The Art of the Long View : Planning for the Future in an Uncertain World*, New York, Currency/Doubleday, 1991.

Peter Schwartz est le fondateur de l'organisation Global Business Network, un groupe de réflexion international et la plus importante firme de consultants spécialisés en développement de scénarios du futur. Dans cet ouvrage, il insiste sur l'importance de développer des scénarios du futur, inclut d'excellents exemples et décrit les étages de développement de tels scénarios. Peter Schwartz a travaillé à la pétrolière Shell auprès du Français Pierre Wack, considéré comme le père des techniques de développement de scénarios du futur. Je suggère également, du même auteur en collaboration avec Peter Leyden et Joel Hyatt, *The Long Boom : a Vision for the Coming Age of Prosperity,* Cambridge, Perseus Publishing, 1999.

■ BARNOUW, Erik et collaborateurs. *Conglomerates and the Media*, New York, The New Press, 1997.

Huit auteurs et experts des médias critiquent l'impact social et culturel des grands conglomérats du monde des communications dans les domaines des journaux, des magazines, de la télévision, du cinéma, des livres et de la radio. Ces auteurs, comme Gene Roberts, ex-éditeur du *New York Times,* et Richard Cohen, ex-producteur senior du *CBS Evening News*, ont vécu l'impact graduel de l'achat des médias par les multinationales.

■ NADER, RALPH. *CRASHING THE PARTY — HOW TO TELL THE TRUTH AND STILL RUN FOR PRESIDENT*, NEW YORK, ST. MARTIN'S PRESS, 2002.

Ralf Nader, protecteur des droits des citoyens et candidat du Parti Vert aux élections présidentielles en l'an 2000, décrit son expérience de la démocratie à l'américaine. Entre autres, l'auteur dénonce la Commission on Presidential Debates, qui établit les règles de sorte que seuls les chefs des deux principaux partis politiques participent aux débats télévisés. Les médias américains sont également critiqués : le 13 octobre 2000, le Parti Vert a rempli le Madison Square Garden, à New York, en faisant payer un prix d'entrée de 20 $ par personne. Bien que l'atmosphère dans le stade ait été électrisante et que de célèbres acteurs et artistes soient montés sur scène, les grands réseaux de télévision américains n'ont même pas couvert l'événement. Un livre qui fait réfléchir sur l'avenir de la démocratie.

■ KRUG, STEVE. *DONT'T MAKE ME THINK : A COMMON SENSE APPROACH TO WEB USABILITY*, INDIANAPOLIS, NEW RIDERS, 2000.

Le guide le plus clair et le plus accessible sur l'art de développer des sites Internet en tenant compte de la perspective du public cible. En prenant pour exemples des sites Internet existants, l'auteur explique simplement des concepts qui sont trop souvent négligés par les créateurs de sites Internet. Si tous les décideurs des organisations privées et publiques lisaient ce livre, nous assisterions incontestablement à une amélioration importante de tous les services Internet.

NOTES

[1] SCHWARTZ, Peter. *The Art of the Long View: Planning for the Future in an Uncertain World,* New York, Doubleday, 1996, p. 55.

[2] Le site Internet du consortium Internet 2 : www.internet2.edu.

[3] Parmi les nombreuses sources d'information sur le sujet, le document suivant est particulièrement clair et bien structuré : *Healthy People 2010,* une initiative américaine coordonnée par le Office of Disease Prevention and Health Promotion du U.S. Department of Health and Human Services. Voir www.healthypeople.gov.

[4] National Center for Health Statistics (U.S. Department of Health and Human Services), *Health, United States, 2002 with Chartbook on Trends in the Health of Americans, 2002,* tableau numéro 139. www.cdc.gov/nchs/hus.htm

[5] Tous les montants présentés dans les scénarios du futur de ce livre sont en dollars canadiens de 2003. Ils ne constituent pas une projection de valeur en l'an 2025.

[6] Le site officiel de l'organisation Inforoute Santé du Canada : www.canadahealthinfoway.ca.

[7] Ces données de l'année 2002 proviennent du document annuel produit par l'Observatoire Européen de l'audiovisuel. *FOCUS 2003, Tendances du marché mondial du film,* 2003, Marché du Film. Voir www.cannesmarket.com.

[8]   Parmi les sources qui confirment cette tendance, les commentaires de Richard Cohen, ancien producteur délégué du *CBS Evening News,* sont très révélateurs. BARNOUW, Erik, COHEN, Richard et autres. *Conclomerates and the Media*, New York, The New Press, 1997, p. 31-59.

[9]   Le site Internet de la Société française d'énergie nucléaire : www.sfen.org.
Le site Internet du Nuclear Energy Institute : www.nei.org.
Le site Internet de Greenpeace : www.greenpeace.org.

[10]   Le site Internet du Center for Public Integrity : www.publicintegrity.org.

[11]   Pour l'édition 2000 du *Food Guide Pyramid,* le gouvernement américain voulait modifier une phrase concernant la consommation de sucre. Le Sugar Association (Association du sucre des États-Unis) a menacé d'entreprendre des menaces judiciaires. Le document suivant inclut les minutes d'une réunion publique tenue le 10 mars 2000. The United States Department of Agriculture, *Dietary Guidelines 2000, Public Meeting,* Washington D.C., 10 mars 2000. Voir les pages 20 à 22. Au moment de publier ce livre, en septembre 2003, ce document était disponible à l'adresse suivante : www.health.gov/dietaryguidelines/dgac/pdf/pubmtng.pdf

[12]   Le site Internet du Conseil de l'information en biotechnologie : www.whybiotech.com.

[13]   Le site Internet des autorités fédérales suisses (www.admin.ch) explique bien les processus de référendum et d'initiatives populaires. On y retrouve l'historique de tous les référendums. Sur la page d'accueil en langue française, voir les sections « Initiatives populaires » et « Référendum ».

[14]   Le site Internet de Public Citizen : www.citizen.org.

[15]   Un bel exemple de ces premières expériences est le projet ACTO (Apple Classrooms of Tomorrow) tenu de 1985 à 1998. Les documents reliés au projet décrivent bien les nombreux enjeux : www.apple.com/education/k12/leadership/acot.

[16]   Les données sur le nombre d'enfants éduqués à la maison sont en général approximatives dans les différents pays. Pour les États-Unis, voir un bon article du magazine *Times :* CLOUD, John, et Jodie MORSE. *Home Sweet School : The New Home Schoolers Aren't Hermits. They are Diverse Parents who are Getting Results,* 27 août 2001. (Disponible dans les archives du *Times* à www.times.com.) Pour des données internationales sur le nombre d'élèves dans différents pays, voir le site de Home School Legal Defense Association : www.hslda.org.

[17]   Dr. RUDNER, Laurence. *Scholastic Achievement and Demographic Characteristics of Home School Students*, University of Maryland, 1998, EPAA (Education Policy Analysis Archives), vol. 7, n° 8. http ://epaa.asu.edu

[18]   Buckminster Fuller a écrit plusieurs livres fascinants, dont celui-ci, son plus célèbre : FULLER, Buckminster, *Manuel d'instruction du vaisseau spatial terre,* Montréal, Jean Basile, 1980. Version originale : *Operating Manual for Spaceship Earth,* St-Louis, Southern Illinois University Press, 1969. Je vous suggère également son livre sur les origines et l'évolution de l'humanité : *Critical Path*, New York, St.Martin's Press, 1981.

[19] Le fondateur de l'organisation The National Alliance for Youth Sports, Fred Engh, a écrit un livre fort intéressant exposant des moyens concrets pour lutter contre la violence dans le sport amateur : ENGH, Fred. *Why Johnny Hates Sports*, New York, Avery Publishing Group, 1999. Le site Internet de l'association : www.nays.org.

[20] Le site Internet officiel du Sommet mondial sur la société de l'information des Nations Unies : www.itu.int/wsis.